职业教育会计专业营改增系列教材

新编企业财务会计实训

（第二版）

主　编　罗绍明
副主编　陈　普　任　冰　钟燕萍

立信会计出版社
LIXIN ACCOUNTING PUBLISHING HOUSE

图书在版编目(CIP)数据

新编企业财务会计实训 / 罗绍明主编. —2 版. —上海：立信会计出版社，2019.5(2024.8 重印)
职业教育会计专业营改增系列教材
ISBN 978-7-5429-6154-9

Ⅰ. ①新… Ⅱ. ①罗… Ⅲ. ①企业管理—财务会计—职业教育—教材 Ⅳ. ①F275.2

中国版本图书馆 CIP 数据核字(2019)第 096537 号

策划编辑　陈　旻
责任编辑　陈　旻
封面设计　南房间

新编企业财务会计实训(第二版)
XINBIAN QIYE CAIWU KUAIJI SHIXUN

出版发行	立信会计出版社		
地　　址	上海市中山西路 2230 号	邮政编码	200235
电　　话	(021)64411389	传　　真	(021)64411325
网　　址	www.lixinaph.com	电子邮箱	lixinaph2019@126.com
网上书店	http://lixin.jd.com		http://lxkjcbs.tmall.com
经　　销	各地新华书店		

印　　刷	江苏凤凰数码印务有限公司		
开　　本	787 毫米×1092 毫米	1/16	
印　　张	8.5		
字　　数	185 千字		
版　　次	2019 年 5 月第 2 版		
印　　次	2024 年 8 月第 7 次		
书　　号	ISBN 978-7-5429-6154-9/F		
定　　价	25.00 元		

第二版前言

本书是《新编企业财务会计》(第二版)的配套用书,是为了方便教师开展教学,指导学生进行企业财务会计知识训练而编写的教学参考用书。

本次修订反映了最新营业税改征增值税的财税政策。自2019年4月1日起,制造业等行业增值税税率从16%降至13%,交通运输、建筑、基础电信服务等行业及农产品等货物的增值税税率从10%降至9%,以及不动产进项税额采用一次性全额抵扣等。基于此,本次按新的增值税税率修订了全部例题,力争体现教材的新颖性与实用性。

本书依据《新编企业财务会计》(第二版)的章节编写其训练习题,设计有判断题、选择题、会计核算题、会计实操题等题型,可实现理论+实训相结合的训练,以培养学生理解与应用企业财务会计基础知识的能力,加深学生对企业财务会计理论知识的理解,提高学生对企业财务会计业务核算的技能。

本书可作为职业院校会计、会计电算化、财务管理等专业的教学用书或配套用书,也可作为企业财务会计人员及对企业财务会计有兴趣和爱好的读者学习、参考和实训训练的用书。

本书由广东省汕头市鮀滨职业技术学校罗绍明任主编,由惠州市博罗中等专业学校陈普、江门市第一职业高级中学任冰、惠州工程职业学院钟燕萍任副主编,参编老师有汕头市鮀滨职业技术学校刘熙、汕头市鮀滨职业技术学校赖健勋、山东圣翰财贸职业学院房球、惠州工程职业学院彭湘云。具体分工为:第1～第4章由罗绍明修订,第5～第7章由任冰修订,第8和第9章由陈普修订,第10和第11章由钟燕萍修订,第12章由刘熙修订,第13章由赖健勋修订,第14章由房球修订,第15章由彭湘云修订。全书由罗绍明统稿。

本书在修订过程中,参阅了大量文献与网站资料,借鉴和吸收了国内外专家学者的最新科研成果,在此对有关资料的编辑和著作者致以诚挚的感谢!

由于编著者水平有限,书中疏漏之处在所难免,恳请读者批评指正并提出意见与建议。谢谢来信!来信请寄:stluoming@163.com。

编　者

前　　言

《新编企业财务会计实训》是《新编企业财务会计》的配套用书，是为了方便教师开展教学，指导学生进行企业财务会计知识训练而编写的教学参考用书。本书的特点主要有以下几方面。

1. 内容新颖实用，反映最新营改增财税政策

国务院决定自2016年5月1日起，建筑业、房地产业、金融业、生活服务业等行业纳入营业税改征增值税试点范围；自2018年5月1日起，制造业等行业增值税税率从17%降至16%，交通运输、建筑、基础电信服务等行业及农产品等货物的增值税税率从11%降至10%，至此，营业税改征增值税政策在全国范围内全面推开且深入改革。基于此，本书依据最新的营业税改征增值税财税政策以及新修订实施的《企业会计准则》进行编写，力争体现教材的新颖性与实用性。

2. 强调基础训练，体现应用型人才培养特色

本书依据《新编企业财务会计》的章节编写其实训练习题，强化企业财务会计基础训练，以培养学生理解与应用企业财务会计基础知识的能力，加深学生对企业财务会计理论知识的理解，提高学生对企业财务会计业务核算的技能。

3. 结构体系简单清晰，适应学生的学习习惯

本书采用结构化教材编写模式，依据《新编企业财务会计》的章节，按章编写，练习题设计有五种题型，分别是填空题、判断题、选择题、会计核算题和会计实操题等，实现理论习题与实训练习相结合的训练。

本书既可作为职业院校会计、会计电算化、财务管理等专业的教学用书或配套用书，也可作为企业财务会计人员及对企业财务会计有兴趣和爱好的读者学习、参考和实训训练的用书。

本书由广东省汕头市鮀滨职业技术学校罗绍明、江西应用科技学院罗明丽任主编，由惠州市博罗中等专业学校陈普、武汉市第一商业学校唐曾嫣任副主编，参编老师有汕头市鮀滨职业技术学校刘熙、林捷，山东圣翰财贸职业学院房球，四川省郫县友爱职业技术学校杨琼，惠州工程职业学院彭湘云。具体分工为:第1～第3章由罗绍明编写,第4～第6章由罗明丽编写,第7、第8章由陈普编写,第9、第10章由唐曾嫣编写,第11章由刘熙编写,第12章由林捷编写,第13章由房球编写,第14章由杨琼编写,第15章由彭湘云编写。全书由罗绍明统编。

由于编者水平有限,本书中的缺点与不成熟之处在所难免,恳请读者批评指正。

编　者

目　　录

第1章 企业财务会计概述

一、填空题

1. 与权责发生制相对应的一种会计核算基础是__________，它是__________作为确认收入和费用等的依据。

2. 可靠性要求企业应当以__________的交易或者事项为依据进行确认、计量和报告，__________反映符合确认和计量要求的各项会计要素及其他相关信息，保证会计信息__________、__________。

3. __________、__________和__________等三个要素构成一组，反映一定日期的财务状况；__________、__________和__________等三个要素构成一组，反映一定期间的经营成果。

4. 会计要素计量是指为了将符合__________条件的会计要素登记入账并列报于__________而确定其__________的过程。

5. 会计要素的计量属性主要包括__________、__________、__________、__________和__________等。

6. 目前，我国的会计法律规范体系主要包括四个层次，即__________、__________、__________和__________。

7. 我国的会计职业道德规范的主要内容包括以下八个方面：__________、__________、__________、__________、坚持准则、提高技能、参与管理和强化服务。

8. 会计职业技能的内容主要包括：1）专业基础知识；2）__________；3）__________；4）__________；5）__________。

二、判断题

1. 只要经济利益流出本企业，就应该确认为一项费用。（　　）

2. 会计核算要以实际发生的经济业务为依据，这体现了相关性的要求。（　　）

3. 会计行政法规，是由全国人民代表大会及其常务委员会经过一定立法程序制定的有关会计工作的法律。（　　）

4. 诚实守信是会计职业道德的根本，是会计从业人员在职业活动中处理人与人之间关

系的道德准则。 (   )

5. 重置成本通常应用于交易性金融资产、可供出售金融资产的计量等。 (   )

6. 预期会给企业带来经济利益,就应确认为企业的资产。 (   )

7. 一般而言,会计主体必然是一个法律主体,但法律主体不一定是会计主体。 (   )

8. 坚持准则要求会计人员在处理业务过程中,严格按照会计法律制度办事,不为主观或他人意志左右。 (   )

三、选择题

1. 企业在对会计要素进行计量时,一般应当采用(   )计量。

A. 重置成本　B. 可变现净值　C. 公允价值　D. 历史成本

2. 企业将融资租入固定资产按自有固定资产核算,遵循的是(   )要求。

A. 谨慎性　B. 实质重于形式

C. 可比性　D. 重要性

3. 某公司 2019 年 4 月购入了一批材料,会计人员在 6 月才入账,该事项违背了会计信息质量要求的(   )要求。

A. 可靠性　B. 相关性　C. 及时性　D. 重要性

4. 会计核算的基本假设除了有会计主体、持续经营、会计分期以外,还有(   )。

A. 实际成本　B. 配比原则　C. 货币计量　D. 会计准则

5. 会计法律制度中层次最高的法律规范是(   )。

A. 会计行政法规　B.《会计法》

C. 会计部门规章　D.《宪法》

6. 负债是指企业过去的交易或者事项形成的、预期会导致(   )流出企业的现时义务。

A. 资产　B. 经济利益　C. 货币资金　D. 所有者权益

7. (   )是会计职业道德的基本要求,是每个会计从业者是否有会计职业道德的首要标志。

A. 爱岗敬业　B. 诚实守信　C. 廉洁自律　D. 客观公正

8. 企业提供的会计信息应有助于财务会计报告使用者对企业过去、现在或者未来的情况做出评价或者预测,这体现了会计信息质量要求中的(   )要求。

A. 相关性　B. 可靠性　C. 可理解性　D. 可比性

第2章　货币资金核算

一、填空题

1. 货币资金，是指企业________过程中处于________的资产，包括________、________和________。

2. 现金清查的目的主要是检查是否存在________、________、________以及账实是否________等。

3. “基本存款账户”是企业因办理________和________需要而开立的银行结算账户。基本存款账户是企业的________账户。

4. 支票分为________支票、________支票和________支票3种。支票金额起点为100.00元，提示付款期一般为________天。

5. 托收承付结算方式适用于________单位之间订有________的商品交易及相关劳务款项的结算。托收承付结算每笔金额起点为________元，新华书店系统每笔金额起点为________元。

6. 银行对账单余额与本单位银行存款日记账余额经常不一致，出现这种情况，主要有两种可能：一是________，应________；二是________，应编制“________”进行调节。

7. 银行汇票的出票银行为________。银行本票的出票人，为经中国人民银行当地分支行批准________。

8. 银行本票分为________和________（有________元、________元、________元和________元四种面额）两种。

9. 信用卡，是指商业银行向个人和单位发行的，凭以向________购物、消费和向银行存取现金，且具有________的特制载体卡片。信用卡按使用对象分为________和________。

10. 购货单位采用信用证结算方式进行结算时，其信用证保证金存款核算主要包括________、________和________三个环节。

二、判断题

1. 为了简化现金存取手续,企业可以用收入的现金直接支付有关款项。 ( )

2. 库存现金清查,是以实地盘点法核对库存现金实有数与账存数。 ( )

3. 对库存现金进行日清月结是出纳员办理库存现金出纳工作的基本原则和要求,也是避免出现长短款的重要措施。 ( )

4. 盘点库存现金出现溢余,可以在"其他应付款"账户的贷方反映,待日后短缺时用于抵扣。 ( )

5. 根据《银行结算账户管理办法》的规定,一家企业只能选择一家银行的一个营业机构开立一个基本存款账户和一个一般存款账户。 ( )

6. 一般存款账户只能办理转账,不能提取现金。 ( )

7. 银行存款的清查,主要是将银行存款日记账与总账进行核对。 ( )

8. 未达账项是造成企业银行存款日记账与银行对账单余额不等的唯一原因。 ( )

9. 月末,企业银行存款的实有余额为银行对账单余额加上企业已收、银行未收款项,减去企业已付、银行未付的款项。 ( )

10. 企业需要到外地临时或零星采购,可以将款项通过银行汇入采购地银行,这部分汇入采购地银行的资金应通过"银行存款"账户核算。 ( )

三、选择题

1. 库存现金限额一般根据企业( )天的日常零星现金开支的需要量来确定。

A. 5　　B. 15　　C. 3～5　　D. 5～15

2. 根据《现金管理暂行条例》规定,下列经济业务中,不能用现金支付的是( )。

A. 支付职工奖金 5 000 元　　B. 支付零星办公用品购置费用 800 元

C. 支付物资采购款 1 200 元　　D. 支付职工差旅费 2 000 元

3. 企业在现金清查中发现的短缺,经批准转账时,由责任人负担的部分,应借记( )账户。

A. "应收账款"　　B. "其他应收款"

C. "应付账款"　　D. "其他应付款"

4. 企业在现金清查中发现的确实无法查明原因的溢余,经批准转账时,应贷记( )账户。

A. "其他业务收入"　　B. "资本公积"

C. "盈余公积"　　D. "营业外收入"

5. 根据《银行结算账户管理办法》的有关规定,企业工资、奖金等现金的支取,只能通过( )账户办理。

A. 基本存款　　B. 一般存款　　C. 临时存款　　D. 专用存款

6. 支票的提示付款期是(　　)。

A. 自出票日起1个月　　B. 自出票日起10天

C. 自到期日起10天　　D. 自出票日起2个月

7. 目前我国商业汇票的付款期由交易双方商定,但是最长不能超过(　　)个月。

A. 2　　B. 4　　C. 5　　D. 6

8. 银行已入账而企业未入账的未达账项,企业应当(　　)入账。

A. 按银行对账单　　B. 按银行存款余额调节表

C. 待有关结算凭证到达后　　D. 按自制原始凭证

9. 下列不属于"其他货币资金"账户核算内容的是(　　)。

A. 信用卡存款　　B. 银行汇票存款

C. 银行本票存款　　D. 银行承兑汇票

10. 企业汇往异地银行开设的临时采购专户的存款,应通过(　　)账户进行核算。

A. "银行存款"　　B. "其他货币资金"

C. "库存现金"　　D. "应收账款"

四、会计核算题

根据以下经济业务,编制相关会计分录。

1. 某企业2019年6月4日向外地材料供应公司电汇5 000元,结清前欠货款。

2. 某企业2019年6月14日收到开户银行转来的委托收账通知书,向购货单位B公司收取的货款50 000元,已收妥入账。

3. 某企业2019年6月19日以银行存款40 000元申请银行汇票,银行受理后,收到同等数额的银行汇票一张。

4. 某企业2019年6月20日以金额为40 000元银行汇票购买材料一批,货款30 000元,增值税税率为13%,材料尚未收到。

5. 某企业2019年6月25日销售产品一批,开出增值税专用发票,发票注明货款50 000元,增值税税率为13%,收到金额为60 000元的银行本票一张,开出支票退回多余款项。

6. 某企业2019年6月26日从开户银行向浙江省嘉兴市中国建设银行南湖支行电汇80 000元,设立采购专户。

7. 某企业2019年6月27日从银行结算账户划款60 000元,申请签发银行汇票,准备向铭华公司采购材料一批。28日向铭华公司采购材料一批,取得增值税专用发票,发票注明价款50 000元,增值税额6 500元,以27日签发的银行汇票结算,材料尚未收到。29日收到银行转来的银行汇票多余款收账通知。

8. 光华公司2019年6月30日“银行存款日记账”账面余额为41 353元,开户银行送达的“对账单”显示其银行存款余额为43 835元。经核查,发现有以下几笔未达账项:

(1) 企业已送存银行#348257转账支票一张,面额1 765元,企业已增加银行存款,开户银行尚未入账。

(2) 银行代企业支付水费183元,银行已入账,减少企业银行存款,企业尚未接到通知,没有入账。

(3) 银行代企业收销货款3 950元,银行已入账,增加企业银行存款,企业尚未接到通知,没有入账。

(4) 企业开出#492346转账支票一张,购买办公用品计金额480元,企业已记银行存款减少,银行尚未入账。

要求:根据上述资料,编制“银行存款余额调节表”。

表2-1　　银行存款余额调节表

年　　月　　日

项　目	金额(元)	项　目	金额(元)
银行存款日记账余额 加:银行已收、企业未收款 减:银行已付、企业未付款		银行对账单余额 加:企业已收、银行未收款 减:企业已付、银行未付款	
调节后的银行存款余额		调节后的银行存款余额	

五、会计实操题（要求完成未填好的原始凭证，填制记账凭证）

1. 2019 年 5 月 4 日，广东家华木业有限公司填写银行汇票申请书，向开户银行申请签发银行汇票，收款人为广东利源木材工业公司。

中国建设银行银行汇票申请书（存根）　1

申请日期 2019 年 05 月 04 日　　　第 01201 号

申请人	广东家华木业有限公司	收款人	广东利源木材工业公司
账　号 或住址	11682674052	账　号 或住址	18722683058
用途	支付采购材料款	代　理 付款行	

汇票金额	人民币 （大写）	壹拾壹万伍仟陆佰元整	千	百	十	万	千	百	十	元	角	分
				¥	1	1	[illegible]	6	0	0	0	0

上列款项请从我账户内支付	科　目（借）______ 对方科目（贷）______
广东家华木业有限公司财务专用章　陈家华 申请人盖章	中国建设银行银行汇票专用章 440106868269673 财务主管　复核　经办

此联出票行给汇款人的回单

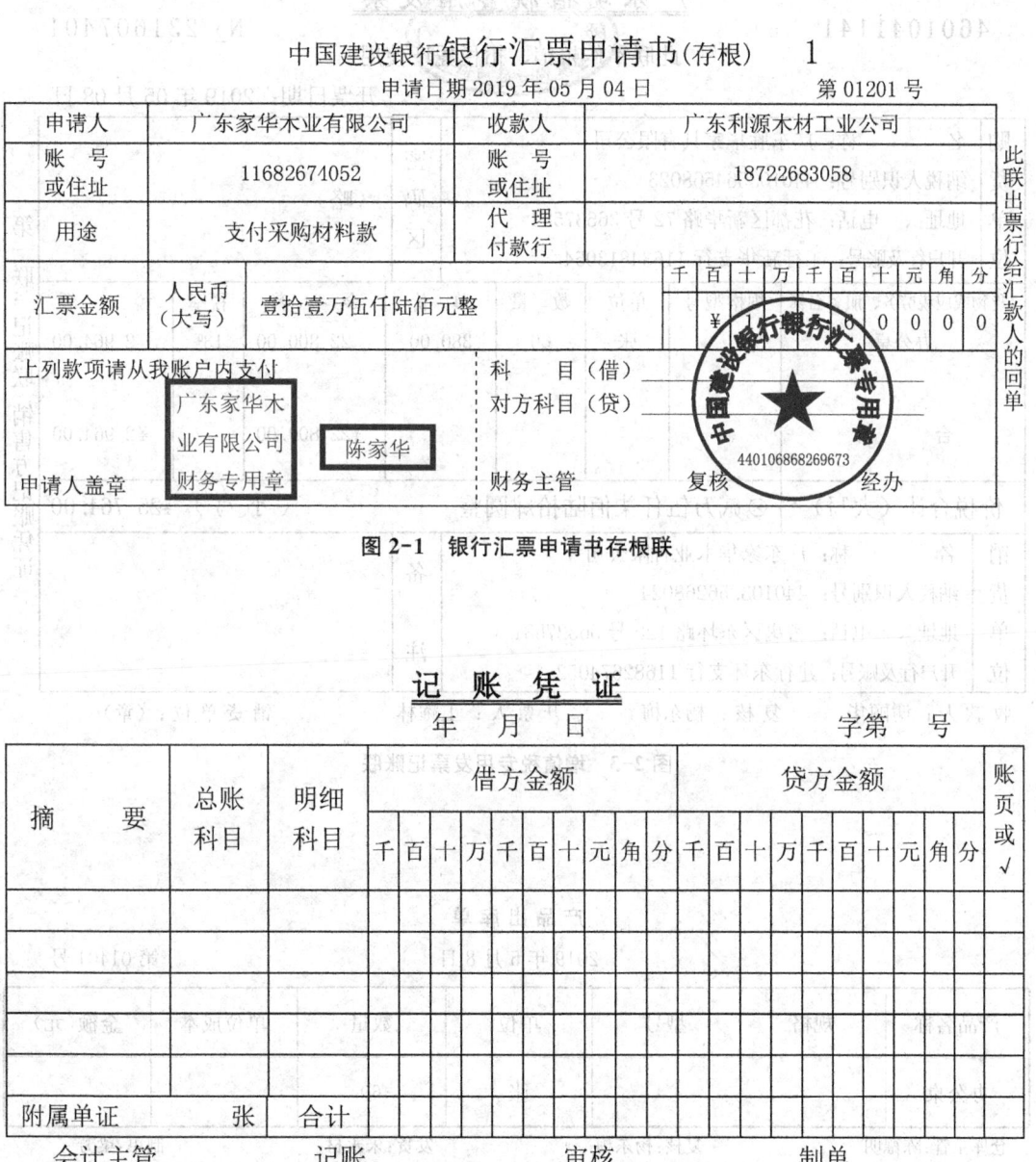

图 2-1　银行汇票申请书存根联

记　账　凭　证

年　月　日　　　字第　号

摘　要	总账科目	明细科目	借方金额										贷方金额										账页或√
			千	百	十	万	千	百	十	元	角	分	千	百	十	万	千	百	十	元	角	分	
附属单证　张		合计																					

会计主管　　记账　　审核　　制单

图 2-2　记账凭证

2. 2019 年 5 月 8 日,广东家华木业有限公司向广东胜华家具有限公司销售办公桌 60 张,开出增值税专用发票,款项已收存银行。

广东增值税专用发票

4601041141 No 231607401

此联不作报销、扣税凭证使用

开票日期:2019 年 05 月 08 日

购货单位	名称:广东胜华家具有限公司 纳税人识别号:440103564568023 地址、电话:花都区新华路 72 号 36637584 开户行及账号:工行新华支行 11634813054				密码区	(略)		
货物或应税劳务、服务名称	规格型号	单位	数量	单价	金额	税率	税额	
办公桌		张	60	380.00	22 800.00	13%	2 964.00	
合计					¥22 800.00		¥2 964.00	
价税合计(大写)	⊗贰万伍仟柒佰陆拾肆圆整				(小写)¥25 764.00			
销货单位	名称:广东家华木业有限公司 纳税人识别号:440103256268024 地址、电话:番禺区东环路 120 号 56327581 开户行及账号:建行东环支行 11682674052				备注			

第一联:记账联 销售方记账凭证

收款人:谢丽华 复核:杨东梅 开票人:王耀林 销货单位:(章)

图 2-3 增值税专用发票记账联

产品出库单

2019 年 5 月 8 日 第 01401 号

产品名称	规格	型号	单位	数量	单位成本	金额(元)
办公桌			张	60		

仓库主管:陈德明 复核:杨东梅 发货:朱永材 制单:梁芳

图 2-4 产品出库单

中国工商银行支票（粤）											GS 07024041
付款期限自出票之日起十天	出票日期（大写）贰零壹玖年伍月零捌日 收款人：广东家华木业有限公司						付款行名称：工行新华支行 出票人账号：11634813054				
	人民币（大写） 贰万伍仟柒佰陆拾肆元整	千	百	十	万	千	百	十	元	角	分
				¥	2	5	7	6	4	0	0
	用途 支付货款 上列款项请从 我账户内支付 出票人签章	广东胜华家具有限公司财务专用章	王德胜				密码 行号 复核 记账				

附加信息：	被背书人：	被背书人：
	背书人签章 年 月 日	背书人签章 年 月 日

图 2-5 转账支票

中国建设银行**进账单**（回 单） 1

年 月 日

出票人	全 称		收款人	全 称	
	账 号			账 号	
	开户银行			开户银行	

金额	人民币（大写）	亿	千	百	十	万	千	百	十	元	角	分

票据种类		票据张数		
票据号码				
复核	记账			开户银行盖章

此联是开户银行交给持（出）票人的回单

图 2-6 银行进账单

记 账 凭 证

年 月 日 字第 号

摘要	总账科目	明细科目	借方金额										贷方金额										账页或√
			千	百	十	万	千	百	十	元	角	分	千	百	十	万	千	百	十	元	角	分	
附属单证 张		合计																					

会计主管　　　　记账　　　　审核　　　　制单

图 2-7　记账凭证

3. 2019 年 5 月 10 日，广东家华木业有限公司向广东利源木材工业公司采购材料一批，并以本月 4 日申请的银行汇票结算材料款。

广东增值税专用发票

4408241741　　　　（监制章：全国统一发票监制章 广东 国家税务总局监制）　　　　№ 421061201

发票联

开票日期：2019 年 05 月 10 日

购货单位	名　　称：广东家华木业有限公司 纳税人识别号：440103256268024 地址、电话：番禺区东环路 120 号 56327581 开户行及账号：建行东环支行 11682674052				密码区	（略）	
货物或应税劳务、服务名称	规格型号	单位	数量	单价	金额	税率	税额
木条		根	2000	16.00	32 000.00	13%	4 160.00
木板		块	1000	65.00	65 000.00	13%	8 450.00
合计					¥97 000.00		¥12 610.00
价税合计（大写）	⊗壹拾万玖仟陆佰壹拾圆整				（小写）¥109 610.00		
销货单位	名　　称：广东利源木材工业公司 纳税人识别号：440806835268026 地址、电话：梅州市梅江路 6 号 8835542 开户行及账号：中行梅江支行 18722683058				备注	（印章：广东利源木材工业公司 440806835268026 发票专用章）	

第三联：发票联 购买方记账凭证

收款人：张泽林　　复核：李立华　　开票人：陈红娜　　销货单位：（章）

图 2-8　增值税专用发票

收 料 单

2019 年 5 月 10 日　　　　收字第 01401 号

材料名称	规格型号	单位	应收数量	实收数量	金额(元)
木条		根	2 000	2 000	32 000.00
木板		块	1 000	1 000	65 000.00

仓库主管:陈德明　　　　验收:李怡华　　　　收料:朱永材

图 2-9　收料单

记 账 凭 证

年　月　日　　　　字第　号

摘要	总账科目	明细科目	借方金额										贷方金额										账页或√
			千	百	十	万	千	百	十	元	角	分	千	百	十	万	千	百	十	元	角	分	
附属单证　张		合计																					

会计主管　　　　记账　　　　审核　　　　制单

图 2-10　记账凭证

4. 2019 年 5 月 11 日,广东家华木业有限公司收到退回的银行汇票多余款。

中国建设银行

银行汇票(多余款收账通知)　4　　汇票号码

付款期限 壹 个 月

出票日期(大写)	贰零壹玖年伍月零肆日	代理付款行:广州建行东环支行　行号:01692									
收款人:广东利源木材工业公司		账　号:18722683058									
出票金额 人民币(大写)	壹拾壹万伍仟陆佰元整										
实际结算金额 人民币(大写)	壹拾万玖仟陆佰壹拾元整	千	百	十	万	千	百	十	元	角	分
			¥	1	0	9	6	1	0	0	0
申请人:广东家华木业有限公司		账号:11682674052									
出票行:建行东环支行　行号:01692											
备　注:支付采购材料款		多余金额									上述多余金额已收入你单位存款账户。
		百	十	万	千	百	十	元	角	分	
复核　　经办				¥	5	9	9	0	0	0	复核　　记账

中国建设银行股份有限公司 广州东环支行 2019.05.11 办讫章 (4)

此联出票行结算汇票时作多余款收账通知

图 2-11　银行汇票多余款收账通知

记 账 凭 证

年　月　日　　　　　　　　字第　　号

摘　要	总账科目	明细科目	借方金额										贷方金额										账页或√
			千	百	十	万	千	百	十	元	角	分	千	百	十	万	千	百	十	元	角	分	
附属单证	张	合计																					

会计主管　　　　记账　　　　审核　　　　制单

图 2-12　记账凭证

第3章　存货核算

一、填空题

1. 确认一项货物是否属于企业的存货，首先需要__________；其次要满足存货确认的两个条件：一是__________；二是__________。

2. 企业取得存货时，应当按其__________入账，即在取得存货的过程中发生的__________。

3. 原材料的日常核算方法有两种：__________和__________。企业可以根据自身生产经营的特点和管理要求，__________决定采用哪一种核算方法。

4. 根据现行会计制度规定，发出材料成本计算的方法有__________、__________、月末一次加权平均法和__________等。企业可以根据实际情况选择使用，一旦选用，__________。

5. 由于低值易耗品价值__________、使用年限__________，且易于__________，不能作为__________管理，在会计上归为__________类，视同__________进行管理。

6. 五五摊销法适用于使用期限__________，单位价值__________或一次领用数量__________的低值易耗品的摊销。

7. 随产品出售不单独计价包装物，主要是为了保证产品销售的顺利进行而提供的服务，因此，这部分包装物的成本应作为企业的__________处理，记入"__________"账户。

8. 委托加工物资虽然存放在外单位，但其__________属委托企业，加工完成后要收回，是企业的__________。

9. 委托加工物资属于应纳消费税的应税消费品，应由__________在向委托方交货时__________消费税。

10. 存货清查的内容包括核对存货的__________和__________，查明__________、__________存货的品种、规格和数量，查明__________、__________、__________的品种、规格和数量。

二、判断题

1. 一个企业只能选择一种方法对存货进行计价，而且一旦确定存货的计价方法，就不

能轻易改变。 ( )

2. 采用月末一次加权平均法对存货计价,当物价上升时,现行成本将大于加权平均成本;当物价下降时,现行成本将小于加权平均成本。 ( )

3. 低值易耗品应按照使用次数分次计入成本费用,低值易耗品金额较小的也可以在领用时一次计入成本费用。 ( )

4. 当低值易耗品发生毁损、遗失,不能再继续使用时,应将其账面价值全部转入当期成本、费用。 ( )

5. 企业的生产工具,可以多次参加生产周转而不改变其原有实物形态,所以,应列为固定资产进行管理和核算。 ( )

6. 如果委托加工的应税消费品收回后用于连续生产应税消费品的,所支付的消费税应计入委托加工物资的成本。 ( )

7. 企业委托外单位加工材料时发生的加工费、消费税、运杂费等都应该计入委托加工物资的成本。 ( )

8. 委托加工物资收回后,直接用于销售的,其实际成本应包括应由受托方代扣代缴的消费税。 ( )

9. 企业在财产清查时发现的存货盘亏、盘盈,应当于年末结账前处理完毕,如果确实尚未报经批准的可先保留在"待处理财产损溢"账户中,待批准后再处理。 ( )

10. 企业结转存货销售成本时,对已计提存货跌价准备的应将存货跌价准备进行结转。 ( )

三、选择题

1. 下列各项中,不属于企业存货的是( )。

A. 委托加工物资

B. 货款已付尚在运输途中的外购材料

C. 在产品

D. 顾客已付款并已开出提货单,而尚未提取的货物

2. 取得存货入账价值的依据是( )。

A. 重置成本　　B. 实际成本

C. 可变现净值　　D. 计划成本

3. 下列不作为"周转材料——包装物"核算的包装用品是( )。

A. 生产使用的包装物　　B. 出租给外单位的包装物

C. 出借给外单位的包装物　　D. 各种包装材料

4. 财产清查发现存货盘盈时,应贷记( )。

A. "管理费用"　　B. "营业外收入"

C. "其他业务收入"　　D. "待处理财产损溢"

5. 材料采购途中的合理损耗应计入(　　)。

A. 材料采购成本　　B. 管理费用

C. 财务费用　　D. 销售费用

6. 要求每次收到存货后，就计算一次新的加权平均单价的存货发出计价方法是(　　)。

A. 先进先出法　　B. 全月一次加权平均法

C. 移动加权平均法　　D. 个别计价法

7. 下列关于永续盘存法的说法中，正确的是(　　)。

A. 只在账簿中登记财产物资的增加数，不登记减少数

B. 只在账簿中登记财产物资的减少数，不登记增加数

C. 对各项财产物资的增加数和减少数，都要在账簿中登记

D. 对各项财产物资的增加数和减少数，都不要在账簿中登记

8. 采用实地盘存法，平时只对有关存货的明细账(　　)。

A. 只记借方，不记贷方　　B. 只记贷方，不记借方

C. 既记借方，又记贷方　　D. 不记借方，也不记贷方

9. 甲公司2019年7月初乙材料结存150千克，单价15万元；6日购买乙材料1 800千克，单价11万元；16日购买乙材料1 350千克，单价11.5万元；20日发出乙材料1 350千克。采用先进先出法计价时，乙材料月末结存额为(　　)万元。

A. 22 125　　B. 22 050　　C. 22 950　　D. 22 725

10. 某工业企业采用计划成本法进行原材料的核算，2019年7月初结存原材料的计划成本为200 000元，本月收入原材料的计划成本为800 000元，本月发出原材料的计划成本为700 000元，月初材料成本差异为4 000元(超支)，本月购入材料成本差异为18 000元(节约)。本月结存材料的实际成本为(　　)元。

A. 304 200　　B. 295 800　　C. 300 000　　D. 290 000

11. 某企业A材料采用计划成本法核算，已知期初A材料计划成本12万元，"材料成本差异"账户有贷方余额6 000元，该材料计划单位成本为24元，本期两次分别购进材料为2 000千克和3 000千克，单价分别为22元和28元，本月领用4 000千克，则期末"材料成本差异"账户的余额为(　　)元。

A. 借方余额1 200　　B. 贷方余额1 200

C. 借方余额800　　D. 贷方余额800

12. 某企业月初结存"原材料"账户借方余额24 000元，本月收入原材料的计划成本176 000元，本月发出原材料的计划成本150 000元，"材料成本差异"账户月初贷方余额300元，本月收入材料的超支差异4 300元，则本月发出材料应负担的材料成本差异为(　　)元。

A. −3 000　　B. 3 000　　C. −3 450　　D. 3 450

四、会计核算题

根据以下经济业务，编制相关会计分录。

1. 某企业 2019 年 6 月 20 日购入 A、B 两种材料，收到增值税专用发票一张，发票注明 A 材料 1 000 千克，单价 10 元，增值税额 1 300 元；B 材料 2 000 千克，单价 15 元，增值税额 3 900元；另附运费增值税专用发票一张 900 元、增值税额 81 元，采购费用按重量比例分配。货款已以支票支付。A、B 材料按实际成本结转，已验收入库。

2. 某企业 2019 年 6 月 25 日购入 C 材料，合同价为 20 000 元，材料已验收入库，但有关发票等结算凭证尚未收到，货款尚未支付。6 月 30 日发票等结算凭证仍然未收到。7 月 6 日收到增值税专用发票一张，发票注明 C 材料 500 千克，单价 40 元，增值税额 2 600 元；另附运费增值税专用发票一张 200 元、增值税额 18 元。材料按实际成本结转，凭证经审核无误，以银行承兑汇票支付。

3. 某企业 2019 年 6 月 26 日购入 D 材料，合同价为 15 000 元，材料已验收入库，但有关发票等结算凭证尚未收到，货款尚未支付。6 月 30 日发票等结算凭证仍然未收到。7 月 5 日收到增值税专用发票一张，发票注明 D 材料 500 千克，单价 30 元，增值税额 1 950 元；另附运费增值税专用发票一张 200 元、增值税额 18 元。材料按计划成本结转，计划单价为 31 元。凭证经审核无误，以银行承兑汇票支付。

4. 某企业 2019 年 7 月 5 日购入包装商品用纸箱一批 10 000 只，收到增值税专用发票一张，发票注明纸箱单价 2 元，增值税额 2 600 元；另附运费增值税专用发票一张 200 元、增值税额 18 元。所有货款已以支票支付。纸箱按实际成本结转，已验收入库。

5. 某企业 2019 年 7 月 10 日销售甲产品 200 件，随货出售包装箱一批 200 只，开出增值税专用发票一张，发票注明甲产品单价 1 000 元，增值税额 26 000 元，包装箱单价 5 元，增值税额 130 元；甲产品单位成本为 800 元，包装箱单位成本 2 元。货款已全部收妥。

6. 某企业2019年7月18日领用随商品出租的包装箱一批300只，包装箱单位成本6元，出租期为6个月，出租时收到包装箱押金1 500元；合同规定每月收取租金150元，增值税额19.5元，以现金收取。该企业对包装物成本采用五五摊销法进行摊销。

7. 某企业2019年7月24日委托红星公司加工甲产品，当日向红星公司发出A材料1 000千克，单价10元，以支票支付运杂费500元、增值税额45元；8月24日收到红星公司开来的增值税专用发票，发票注明加工费用20 000元，增值税额2 600元，代收代缴消费税800元，款项以商业承兑汇票支付；8月27日收回委托加工甲产品，按实际成本结转，已验收入库，并将用于连续生产。

8. 某企业2019年7月25日委托金信公司加工乙产品，当日向金信公司发出B材料2 000千克，单价10元，以支票支付运杂费600元、增值税额54元；8月27日收到金信公司开来的增值税专用发票，发票注明加工费用10 000元，增值税额1 300元，代收代缴消费税800元，款项以支票支付；8月28日收回委托加工乙产品，按实际成本结转，已验收入库，将用于直接出售。

9. 某企业原材料采用计划成本法核算，2019年8月初结存A材料计划成本150 000元，8月购进A材料450 000元，发出A材料500 000元；月初A材料成本差异为节约5 000元，当月购进A材料成本差异为超支6 000元。当月发出A材料全部用于生产产品。试计算材料成本差异率、发出材料成本差异与实际成本、结存材料成本差异与实际成本，并编制相关会计分录。

10. 某企业2015年开始采用成本与可变现净值孰低法对存货进行期末计价。2015年年末A材料的成本为15 000元，可变现净值为12 000元；2016年年末A材料的成本为18 000元，可变现净值为16 000元；2017年年末A材料的成本为20 000元，可变现净值为22 500元。

11. 某企业仓库2019年8月30日对存货进行清查,存货清查报告表如表3-1所示。试对存货清查进行账务处理。

表3-1　　　　存货清查报告表

材料名	单位	单价(元)	账存数量	实存数量	盘盈数量	盘亏数量	原因
A材料	千克	30	5 000	5 030	30		自然升溢
B材料	千克	40	4 800	4 780		20	自然毁损

12. 某企业2019年8月份A材料的收、发、存数据资料如表3-2所示。试采用先进先出法、一次加权平均法和移动加权平均法计算本月发出材料成本与期末结存材料成本。

表3-2　　　　A材料收发存资料表

日期	摘要	收入		发出		结存	
		数量(件)	单价(元)	数量(件)	单价(元)	数量(件)	单价(元)
8.1	结存					600	10
8.6	购入	400	11			1 000	
8.12	发出			800		200	
8.24	购入	600	12			800	
8.28	发出			400		400	
8.31	购入	400	15			800	

五、会计实操题(要求完成未填好的原始凭证,填制记账凭证)

1. 2019年7月5日,广东家华木业有限公司向广东泰华建材公司购买油漆120桶,收到增值税专用发票和运费增值税专用发票(运费由泰华公司垫付),油漆已验收入库,款项已支付。

广东增值税专用发票

4401281287　　全国统一发票监制章 广东 国家税务总局监制　　发票联　　№ 432363031

开票日期：2019 年 07 月 05 日

<table>
<tr><td rowspan="4">购
货
单
位</td><td colspan="5">名　　称：广东家华木业有限公司</td><td rowspan="4">密
码
区</td><td colspan="3" rowspan="4">（略）</td></tr>
<tr><td colspan="5">纳税人识别号：440103256268024</td></tr>
<tr><td colspan="5">地址 、 电话：番禺区东环路 120 号 56327581</td></tr>
<tr><td colspan="5">开户行及账号：建行东环支行 11682674052</td></tr>
<tr><td colspan="2">货物或应税劳务、服务名称</td><td>规格型号</td><td>单位</td><td>数　量</td><td>单　价</td><td colspan="2">金　额</td><td>税率</td><td>税　额</td></tr>
<tr><td colspan="2">油漆</td><td></td><td>桶</td><td>120</td><td>186.0</td><td colspan="2">22 320.00</td><td>13%</td><td>2 901.60</td></tr>
<tr><td colspan="2">合　　计</td><td></td><td></td><td></td><td></td><td colspan="2">¥22 320.00</td><td></td><td>¥2 901.60</td></tr>
<tr><td colspan="2">价税合计（大写）</td><td colspan="8">⊗贰万伍仟贰佰贰拾壹圆陆角整　　（小写）¥25 221.60</td></tr>
<tr><td rowspan="4">销
货
单
位</td><td colspan="5">名　　称：广东泰华建材有限公司</td><td rowspan="4">备
注</td><td colspan="3" rowspan="4">广东泰华建材有限公司 440103568268026 发票专用章</td></tr>
<tr><td colspan="5">纳税人识别号：440103568268026</td></tr>
<tr><td colspan="5">地址 、 电话：番禺区西丽南路 2 号 56637584</td></tr>
<tr><td colspan="5">开户行及账号：建行西丽支行 11606313052</td></tr>
</table>

收款人：张佳纯　　复核：李丽芬　　开票人：尚晓娜　　销货单位：（章）

第三联：发票联　购买方记账凭证

图 3-1　增值税专用发票

广东增值税专用发票

4401048146　　全国统一发票监制章 广东 国家税务总局监制　　发票联　　№ 261384501

开票日期：2019 年 07 月 05 日

<table>
<tr><td rowspan="4">购
货
单
位</td><td colspan="5">名　　称：广东家华木业有限公司</td><td rowspan="4">密
码
区</td><td colspan="3" rowspan="4">（略）</td></tr>
<tr><td colspan="5">纳税人识别号：440103256268024</td></tr>
<tr><td colspan="5">地址 、 电话：番禺区东环路 120 号 56327581</td></tr>
<tr><td colspan="5">开户行及账号：建行东环支行 11682674052</td></tr>
<tr><td colspan="2">货物或应税劳务、服务名称</td><td>规格型号</td><td>单位</td><td>数　量</td><td>单　价</td><td colspan="2">金　额</td><td>税率</td><td>税　额</td></tr>
<tr><td colspan="2">运费</td><td></td><td></td><td></td><td></td><td colspan="2">360.00</td><td>9%</td><td>32.40</td></tr>
<tr><td colspan="2">合　　计</td><td></td><td></td><td></td><td></td><td colspan="2">¥360.00</td><td></td><td>¥32.40</td></tr>
<tr><td colspan="2">价税合计（大写）</td><td colspan="8">⊗叁佰玖拾贰圆肆角整　　（小写）¥392.40</td></tr>
<tr><td rowspan="4">销
货
单
位</td><td colspan="5">名　　称：广东安通快递有限公司</td><td rowspan="4">备
注</td><td colspan="3" rowspan="4">番禺区西丽—番禺区东环路
货物：油漆 120 桶
广东安通快递有限公司 440106208268039 发票专用章</td></tr>
<tr><td colspan="5">纳税人识别号：440106208268039</td></tr>
<tr><td colspan="5">地址 、 电话：番禺区西丽南路 62 号 56637327</td></tr>
<tr><td colspan="5">开户行及账号：建行西丽支行 11606313981</td></tr>
</table>

收款人：廖晓丽　　复核：张东海　　开票人：郑佳诚　　销货单位：（章）

第三联：发票联　购买方记账凭证

图 3-2　运费增值税专用发票

中国建设银行支票存根(粤)

GS 07384076

附加信息

出票日期　　年　月　日

收款人:

金　额:

用　途:

单位主管　　会计

付款期限自出票之日起十天

中国建设银行支票(粤)　　GS 07384076

出票日期(大写)　　年　月　日　　付款行名称:

收款人:　　出票人账号:

人民币(大写)	千	百	十	万	千	百	十	元	角	分

用途　　密码

上列款项请从　　行号

我账户内支付

出票人签章

广东家华木业有限公司财务专用章　　陈家华

复核　　记账

附加信息:	被背书人	被背书人
	背书人签章 年　月　日	背书人签章 年　月　日

(粘贴单处)

根据《中华人民共和国票据法》等法律法规的规定,签发空头支票由中国人民银行处以票面金额5%但不低于1 000元的罚款。

图3-3　支票

收　料　单

2019年7月5日　　收字第01201号

材料名称	规格型号	单位	应收数量	实收数量	金额(元)
油漆		桶	120	120	22 680.00

仓库主管:陈德明　　验收:李怡华　　收料:朱永材

图3-4　收料单

记 账 凭 证

年　月　日　　　　字第　　号

摘要	总账科目	明细科目	借方金额										贷方金额										账页或√
			千	百	十	万	千	百	十	元	角	分	千	百	十	万	千	百	十	元	角	分	
附属单证　　张		合计																					

会计主管　　　　记账　　　　审核　　　　制单

图 3-5　记账凭证

2. 2019 年 7 月 10 日，广东家华木业有限公司向广东利源木材工业公司采购木料一批，收到增值税专用发票，款项已付，但木料尚未收到。

广东增值税专用发票

4408241741　　　　全国统一发票监制章 广东 国家税务总局监制　　　　№ 421061396

开票日期：2019 年 07 月 10 日

购货单位	名　　称：广东家华木业有限公司 纳税人识别号：440103256268024 地址 、 电话：番禺区东环路 120 号 56327581 开户行及账号：建行东环支行 11682674052	密码区	（略）

货物或应税劳务、服务名称	规格型号	单位	数量	单价	金额	税率	税额
木条		根	1800	16.00	28 800.00	13%	3 744.00
木板		块	800	65.00	52 000.00	13%	6 760.00
合　计					¥80 800.00		¥10 504.00

价税合计（大写）	⊗玖万壹仟叁佰零肆圆整	（小写）¥91 304.00

销货单位	名　　称：广东利源木材工业公司 纳税人识别号：440806835268026 地址 、 电话：梅州市梅江路 6 号 8835542 开户行及账号：中行梅江支行 18722683058	备注	广东利源木材工业公司 440806835268026 发票专用章

收款人：张泽林　　复核：李立华　　开票人：陈红娜　　销货单位：（章）

第三联：发票联　购买方记账凭证

图 3-6　增值税专用发票

电汇凭证（回单）　　1　　№006890301

第　　号　　　　　　　　委托日期　　　年　月　日

汇款人	全称			收款人	全称		
	账号或住址				账号或住址		
	汇出地点		汇出行名称		汇入地点		汇入行名称
金额	人民币（大写）			千 百 十 万 千 百 十 元 角 分			
汇款用途：							
上列款项已根据委托办理，如需查询，请持此回单来行面谈				(汇出行盖章)			

此联汇出行给汇款人的回单

图 3-7　电汇回单

记账凭证

年　月　日　　　　　　　　字第　　号

摘要	总账科目	明细科目	借方金额										贷方金额										账页或√
			千	百	十	万	千	百	十	元	角	分	千	百	十	万	千	百	十	元	角	分	
附属单证　张		合计																					

会计主管　　　　记账　　　　审核　　　　制单

图 3-8　记账凭证

3. 2019年7月20日，广东家华木业有限公司向广东新林电器有限公司购买除湿器5台。

广东增值税专用发票

4401041743　　发票联　　№ 211371301

开票日期：2019年07月20日

购货单位	名称：广东家华木业有限公司 纳税人识别号：440103256268024 地址、电话：番禺区东环路120号 56327581 开户行及账号：建行东环支行 11682674052			密码区	（略）		
货物或应税劳务、服务名称	规格型号	单位	数量	单价	金额	税率	税额
除湿器		台	5	480.00	2 400.00	13%	312.00
合计					¥2 400.00		¥312.00
价税合计（大写）	⊗贰仟柒佰壹拾贰圆整				（小写）¥2 712.00		
销货单位	名称：广东新林电器有限公司 纳税人识别号：440102307267034 地址、电话：广州市建设大道135号 86383127 开户行及账号：工行建设支行 11682674892			备注	广东新林电器有限公司 440102307267034 发票专用章		

第三联：发票联 购买方记账凭证

收款人：李晓林　　复核：张立海　　开票人：廖丽娜　　销货单位：（章）

图 3-9 增值税专用发票

中国建设银行支票存根（粤）	中国建设银行支票（粤） GS 07384078
GS 07384078 附加信息 出票日期 年 月 日 收款人： 金额： 用途： 单位主管 会计	付款期限自出票之日起十天 出票日期（大写） 年 月 日 付款行名称： 收款人： 出票人账号： 人民币（大写） 千 百 十 万 千 百 十 元 角 分 用途 密码 上列款项请从我账户内支付 行号 出票人签章 广东家华木业有限公司财务专用章 陈家华 复核 记账

附加信息:	被背书人	被背书人	(粘贴单处)
	背书人签章 年 月 日	背书人签章 年 月 日	

根据《中华人民共和国票据法》等法律法规的规定，签发空头支票由中国人民银行处以票面金额5%但不低于1 000元的罚款。

图 3-10 支票

低值易耗品入库单

2019 年 7 月 20 日　　　　No:02201

名称及规格	单位	入库数量	单价	金额(元)
除湿器	台	5	480.00	2 400.00

仓库主管:陈德明　　　　验收:李怡华　　　　制单:朱永材

图 3-11 低值易耗品入库单

记 账 凭 证

年 月 日　　　　字第 号

摘 要	总账科目	明细科目	借方金额										贷方金额										账页或√
			千	百	十	万	千	百	十	元	角	分	千	百	十	万	千	百	十	元	角	分	
附属单证	张	合计																					

会计主管　　　　记账　　　　审核　　　　制单

图 3-12 记账凭证

4. 广东家华木业有限公司仓库领用除湿器，采用五五摊销法进行成本摊销。

低值易耗品出库单

用途：企业仓库用　　　　2019年7月24日　　　　No：01201

名称及规格	单位	请领数量	实发数量	单价	金额(元)
除湿器	台	5	5	480.00	2 400.00

仓库主管：陈德明　　　　经手人：刘江华　　　　保管员：朱永材

图3-13　低值易耗品出库单

表3-3　　　　低值易耗品摊销计算表

用途：企业仓库用　　　　2019年7月24日　　　　单位：元

名称及规格	单位	数量	待摊金额	本期摊销比例	摊销金额
除湿器	台	5	2 400.00	50%	1 200.00

会计主管：范永建　　　　会计：杨东梅　　　　制单：谢丽华

记　账　凭　证

年　月　日　　　　字第　号

摘　要	总账科目	明细科目	借方金额										贷方金额										账页或√
			千	百	十	万	千	百	十	元	角	分	千	百	十	万	千	百	十	元	角	分	
附属单证　张		合计																					

会计主管　　　　记账　　　　审核　　　　制单

图3-14　记账凭证

记 账 凭 证

年 月 日　　　　　　字第 号

摘要	总账科目	明细科目	借方金额										贷方金额										账页或√
			千	百	十	万	千	百	十	元	角	分	千	百	十	万	千	百	十	元	角	分	
附属单证 张		合计																					

会计主管　　记账　　审核　　制单

图 3-15 记账凭证

第4章　应收款项核算

一、填空题

1. 存在商业折扣时，企业应收账款应按____________进行入账，即按____________作为应收账款的入账价值。

2. 存在现金折扣时，企业应收账款应按____________进行入账，即按____________作为应收账款的入账价值。

3. 现金折扣只有客户在____________支付货款时，才予以确认。销售方给予客户的现金折扣，从融资角度分析，属于一种__________，会计上应当在其发生时，作为____________处理。

4. 在银行开立存款账户的法人以及其他组织之间，必须具有____________关系，才能使用商业汇票。商业承兑汇票的出票人，必须是____________的法人以及其他组织，与付款人具有____________关系，具有____________的可靠资金来源。

5. 企业收到带息应收票据，应于期末（通常指________________或________________）按规定计提票据利息，并增加应收票据的______________________________________，同时冲减______________________________________。

6. 贴现期，按银行规定，通常是指从____________起至____________止的实际天数。无论商业汇票的到期日是按日计算还是按月计算，贴现期一律按____________（一般是____________）计算。

7. 预付账款是企业的____________。企业预付货款后，有权要求____________按照____________发货。

8. 企业应收款项的坏账准备应采用____________进行核算。企业计提的坏账准备，应列为____________，记入"____________"账户。

9. 企业应当在____________对应收款项的账面价值进行核查，有客观证据表明该应收款项发生减值的，应当确认其____________，计提____________。

10. 企业估计坏账损失，计提坏账准备的方法包括____________、____________、____________、个别认定法等。

二、判断题

1. 企业购货时所取得的现金折扣应冲减所购存货的成本。 ( )

2. 应收账款采用总价法核算情况下,购货方享受的现金折扣与采用净价法核算情况下购货方放弃的现金折扣,均通过"财务费用"账户核算。 ( )

3. 商业承兑汇票到期时,如果购货企业的银行存款不足支付票据款,开户银行将汇票退回收款企业,银行不负责付款。 ( )

4. 贴现是指汇票持有人通过背书手续,向银行收取等于到期价值扣除银行贴现利息后的净值的一种融资行为。 ( )

5. 由于票据贴现时,要向银行支付票据贴现利息,因此,票据贴现净额一定小于票据面值。 ( )

6. 预付账款属于企业的资产,核算的是企业销售货物预先收到的款项。 ( )

7. 当预付账款小于采购货物所需支付的款项,收到货物时,差额部分记入"应付账款"账户的贷方。 ( )

8. 已确认为坏账的应收账款,并不意味着企业放弃了其追索权,一旦重新收回,应及时入账。 ( )

9. 采用备抵法核算坏账损失,需设置"坏账准备"账户进行核算,企业确认坏账时,应贷记"坏账准备"账户。 ( )

10. 应收款项余额百分比法估计坏账损失,是根据企业本期赊销金额和估计的坏账率来计提坏账准备的方法。 ( )

三、选择题

1. 商业承兑汇票到期,付款方无法付款,应将"应收票据"的账面余额转入( )账户。

A. "应收账款"　　B. "预付账款"

C. "其他应收款"　　D. "应付账款"

2. 带息应收票据期末计息时,应借记( )账户。

A. "应收账款"　　B. "财务费用"

C. "其他应收款"　　D. "应收票据"

3. 按现行会计制度规定,企业预付账款不多,可不设置"预付账款"账户,而用( )账户来替代。

A. "应收账款"　　B."预收账款"

C. "应付账款"　　D."其他应收款"

4. 预支或拨付给企业内部各部门或个人使用的备用金,应通过( )账户来核算。

A. "应收账款"　　B."其他应收款"

C. "预收账款"　　D. "应付账款"

5. 企业支付的应向职工收取的各种垫付款项，应借记(　　)账户。

A. “应收账款”　　B. “预付账款”

C. “其他应付款”　　D. “其他应收款”

6. 企业确认应收账款无法收回时，在备抵法下，应借记(　　)账户。

A. “财务费用”　　B. “信用减值损失”

C. “坏账准备”　　D. “管理费用”

7. 下列项目中，属于应收账款核算范围的是(　　)。

A. 应收认股款

B. 商业承兑汇票结算方式下发出货物的货款

C. 应收销货款

D. 销售货物时应收的包装物押金

8. 下列项目中，按照企业会计准则的规定，销售企业应当作为财务费用处理的是(　　)。

A. 购货方获得的现金折扣　　B. 购货方获得的商业折扣

C. 购货方获得的销售折扣　　D. 购货方放弃的现金折扣

9. 某企业于 2019 年 6 月 7 日销售商品一批给 B 企业，应收账款为 500 000 元，规定的付款条件为(2/10,1/20,n/30)；B 企业于 2019 年 6 月 20 日付款，该企业实际收到的金额为(　　)元。

A. 500 000　　B. 490 000　　C. 485 000　　D. 495 000

10. 某公司销售产品一批，收到带息商业汇票一张，面值 60 000 元，年利率 7%，期限为 6 个月。该公司于第 3 个月初贴现，贴现率为 6%，则其贴现净额为(　　)元。

A. 62 100　　B. 61 800　　C. 60 900　　D. 60 858

11. 某企业按应收款项余额百分比法计提坏账准备。2019 年“应收账款”账户期末余额为 500 000 元，根据以往资料和经验，估计坏账率为 6%，企业在计提坏账准备前，“坏账准备”账户有借方余额 1 000 元。该企业 2019 年应提的坏账准备金额为(　　)元。

A. 30 000　　B. 31 000　　C. 0　　D. 29 000

12. “坏账准备”账户在期末结账前如为借方余额，其反映的内容是(　　)。

A. 提取的坏账准备

B. 已经发生的坏账损失

C. 收回以前已经确认并转销的坏账损失

D. 已确认的坏账损失超过已提取坏账准备的差额

四、会计核算题

根据以下经济业务，编制相关会计分录。

1. 某企业 2019 年 7 月 9 日向 A 公司销售产品 200 件，价目表的单价为 200 元，现企业同意给予A公司10%的商业折扣,增值税税率为13%。当日收到A公司签发的一张带息的商业承兑汇票,有效期为3个月,票面利率为6%。该企业10月9日如期收到A公司的票据款。

2. 某企业2019年5月26日销售产品一批给B公司,商品已发出并开出增值税专用发票,发票注明销售价款50 000元,增值税额6 500元。当日收到B公司签发的一张带息的商业承兑汇票,有效期为4个月,票面利率为6%。该企业6月30日计算票据的利息。9月26日如期收到B公司的票据款。

3. 某企业2019年10月1日销售产品一批给C公司,商品已发出并开出增值税专用发票,发票注明销售价款10 000元,增值税额1 300元。当日收到C公司签发的一张带息的商业承兑汇票,有效期为4个月,票面利率为6%。该企业12月31日计算票据利息。2020年1月31日到期没有收到C公司的票据款。

4. 某企业2019年7月2日销售产品一批给D公司,商品已发出并开出增值税专用发票,发票注明销售价款30 000元,增值税额3 900元。企业给予D公司现金折扣,具体条件为(2/10,1/20,n/30),同时规定现金折扣不考虑增值税。7月16日收到D公司的货款。

5. 某企业2019年7月13日与E公司签订采购材料合同,同时向E公司预付货款40 000元,7月24日收到订购的材料,增值税专用发票注明价款50 000元,增值税额6 500元。7月25日企业通过开户银行补付给E公司不足货款。

6. 某企业对办公室实行定额备用金制度,规定每月月末报销一次。2019年8月1日拨付现金10 000元作为其备用金。8月31日办公室持有关单据报销零星费用开支6 500元,财务科以现金补足其定额。

7. 某企业2019年8月3日向兴华公司销售商品一批,售价200 000元,增值税额26 000元,收到兴华公司交来经其开户银行承兑的银行承兑汇票一张,票据期限为4个月。

8. 某企业 2019 年 8 月 6 日收到客户红星公司交来的面值为 16 000 元、60 天期、利率为 8%、开票日期为 8 月 3 日的商业承兑汇票一张,用以抵付已到期的应收账款。

9. 某企业从 2016 年年末开始采用应收款项余额百分比法计提坏账准备,坏账准备计提比率为 5‰。2016 年年末应收款项余额为 500 000 元。2017 年 9 月确认无法收回应收账款 2 000 元,2017 年年末应收款项余额 600 000 元。2018 年 6 月已确认为坏账损失的 1 500 元应收账款又收回。

五、会计实操题(要求完成未填好的原始凭证,填制记账凭证)

1. 广东家华木业有限公司 2019 年 7 月 5 日根据合同,向广州百川家具有限公司销售办公桌 50 张,沙发 50 套,开出增值税专用发票,已办理委托收款手续,款项尚未收到。

广东增值税专用发票

4601041141　　　　№ 241307402

此联不作报销、扣税凭证使用

（印章：全国统一发票监制章 广东 国家税务总局监制）

开票日期：2019 年 07 月 05 日

购货单位	名　　称：广州百川家具有限公司 纳税人识别号：440102443268027 地址、电话：增城市光明路 36 号 68682587 开户行及账号：建行光明支行 11676243355				密码区	（略）	
货物或应税劳务、服务名称	规格型号	单位	数量	单价	金额	税率	税额
办公桌		张	50	380.00	19 000.00	13%	2 470.00
沙发		套	50	640.00	32 000.00	13%	4 160.00
合　计					¥51 000.00		¥6 630.00
价税合计（大写）	⊗伍万柒仟陆佰叁拾圆整				（小写）¥57 630.00		
销货单位	名　　称：广东家华木业有限公司 纳税人识别号：440103256268024 地址、电话：番禺区东环路 120 号 56327581 开户行及账号：建行东环支行 11682674052				备注		

第一联：记账联 销售方记账凭证

收款人：谢丽华　　复核：杨东梅　　开票人：王耀林　　销货单位：（章）

图 4-1　增值税专用发票记账联

产品出库单

2019 年 7 月 5 日　　　　　　　　　　第 01402 号

产品名称	规格	型号	单位	数量	单位成本	金额(元)
办公桌			张	50		
沙发			套	50		

仓库主管:陈德明　　　复核:杨东梅　　　发货:朱永材　　　制单:梁芳

图 4-2　产品出库单

托收凭证（受理回单）　　1

委托日期：　2019 年 07 月 05 日

业务类型	委托收款（☐邮划、☑电划）　托收承付（☐邮划、☐电划）						
付款人 全　称	广州百川家具有限公司			收款人 全　称	广东家华木业有限公司		
付款人 账　号	11676243355			收款人 账　号	11682674052		
付款人 地　址	广东省 广州 市县	开户行	光明支行	收款人 地　址	广东省 广州 市县	开户行	建行东环支行
金额 人民币(大写)	伍万柒仟陆佰叁拾元整			亿千百十万千百十元角分	¥ 5 7 6 3 0 0 0		
款项内容	销货款	托收凭据名称	增值税专用发票 产品出库单	附寄单证张数	2		
商品发运情况		已发运		合同名称号码	100401		
备注： 复核　　记账		款项收妥日期： 年　月　日		收款人开户银行签章			

中国建设银行股份有限公司 广州东环支行 2019.07.05 办讫章 (4)

此联作收款人开户银行给收款人的受理回单

图 4-3　委托收款受理回单

记 账 凭 证

年　　月　　日　　　　　　　　　　　　　　字第　　号

摘要	总账科目	明细科目	借方金额										贷方金额										账页或√
			千	百	十	万	千	百	十	元	角	分	千	百	十	万	千	百	十	元	角	分	
附属单证	张	合计																					

会计主管　　　　记账　　　　审核　　　　制单

图 4-4　记账凭证

2. 广东家华木业有限公司 2019 年 7 月 9 日根据合同，向佛山海纳家具有限公司销售办公桌 120 张，原价为 380 元/张，沙发 80 套，原价为 640 元/套。考虑到海纳公司一次性购买数量较多，公司同意给予 9 折优惠，开出增值税专用发票，收到海纳公司开出的银行承兑汇票一张。

广东增值税专用发票

4601041141　　　　　　　　　　　　№ 241307403

此联不作报销、扣税凭证使用

开票日期：2019 年 07 月 09 日

购货单位	名　　称：佛山海纳家具有限公司 纳税人识别号：440306208235036 地址 、 电话：顺德区河滨南路 9 号 67697282 开户行及账号：中行河滨支行 13657443031	密码区	（略）

货物或应税劳务、服务名称	规格型号	单位	数量	单价	金额	税率	税额
办公桌		张	120	342.00	41 040.00	13%	5 335.20
沙发		套	80	576.00	46 080.00	13%	5 990.40
合　计					¥87 120.00		¥11 325.60
价税合计（大写）	⊗玖万捌仟肆佰肆拾伍圆陆角整				（小写）¥98 445.60		

销货单位	名　　称：广东家华木业有限公司 纳税人识别号：440103256268024 地址 、 电话：番禺区东环路 120 号 56327581 开户行及账号：建行东环支行 11682674052	备注	

第一联：记账联　销售方记账凭证

收款人：谢丽华　　复核：杨东梅　　开票人：王耀林　　销货单位：（章）

图 4-5　增值税专用发票记账联

产品出库单

2019 年 7 月 9 日　　　　第 01403 号

产品名称	规格	型号	单位	数量	单位成本	金额(元)
办公桌			张	120		
沙发			套	80		

仓库主管:陈德明　　复核:杨东梅　　发货:朱永材　　制单:梁芳

图 4-6　产品出库单

银行承兑汇票　　2

出票日期（大写）：贰零壹玖年柒月零玖日　　　　汇票号码：0135841

出票人全称	佛山海纳家具有限公司	收款人	全　称	广东家华木业有限公司		
出票人账号	13657443031		账　号	11682674052		
付款行全称	中行河滨支行		开户银行	建行东环支行	行号	01692
出票金额	人民币（大写）	玖万捌仟肆佰肆拾伍元陆角整				
汇票到期日（大写）	贰零壹玖年玖月零玖日	付款行	行号	15032		
承兑协议编号	0040110402		地址	顺德区河滨南路 16 号		

亿	千	百	十	万	千	百	十	元	角	元
			¥	9	8	4	4	5	6	0

本汇票请你行承兑，此项汇票款我单位承兑协议于到期日前足额交存银行，到期请予以支付。

李海林　　佛山海纳家具有限公司财务专用章　　出票人签章

本汇票已承兑，到期由本行承付。

承兑行签章

承兑日期：2019.07.09

备注：

中国银行银行承兑汇票专用章　440303443265436

复核　　记账

此联收款人开户行随托收凭证寄付款行作借方凭证附件

图 4-7　银行承兑汇票

记　账　凭　证

年　　月　　日　　　　字第　　号

摘　要	总账科目	明细科目	借方金额										贷方金额										账页或√
			千	百	十	万	千	百	十	元	角	分	千	百	十	万	千	百	十	元	角	分	
附属单证　　张	合计																						

会计主管　　记账　　审核　　制单

图 4-8　记账凭证

3. 广东家华木业有限公司 2019 年 7 月 10 日根据合同，向深圳佳缘家具有限公司销售办公桌 90 张，沙发 80 套，开出增值税专用发票。合同约定，按不含税价款提供现金折扣，现金折扣条件为(2/10，1/20，n/30)。

广东增值税专用发票

4601041141　　　　　　　　　　№ 241307412

此联不作报销、扣税凭证使用

开票日期：2019 年 07 月 10 日

购货单位	名称：深圳佳缘家具有限公司 纳税人识别号：440206835254026 地址、电话：深圳市怡景路 12 号 88396432 开户行及账号：工行怡景支行 12934783058					密码区	（略）
货物或应税劳务、服务名称	规格型号	单位	数量	单价	金额	税率	税额
办公桌		张	90	380.00	34 200.00	13%	4 446.00
沙发		套	80	640.00	51 200.00	13%	6 656.00
合计					¥85 400.00		¥11 102.00
价税合计（大写）	⊗玖万陆仟伍佰零贰圆整				（小写）¥96 502.00		
销货单位	名称：广东家华木业有限公司 纳税人识别号：440103256268024 地址、电话：番禺区东环路 120 号 56327581 开户行及账号：建行东环支行 11682674052					备注	

第一联：记账联　销售方记账凭证

收款人：谢丽华　　复核：杨东梅　　开票人：王耀林　　销货单位：（章）

图 4-9　增值税专用发票记账联

产品出库单

2019 年 7 月 10 日　　　　第 01404 号

产品名称	规格	型号	单位	数量	单位成本	金额(元)
办公桌			张	90		
沙发			套	80		

仓库主管：陈德明　　复核：杨东梅　　发货：朱永材　　制单：梁芳

图 4-10　产品出库单

记 账 凭 证

年　月　日　　　　　　　　　　字第　号

摘　要	总账科目	明细科目	借方金额										贷方金额										账页或√
			千	百	十	万	千	百	十	元	角	分	千	百	十	万	千	百	十	元	角	分	
附属单证　张		合计																					

会计主管　　　记账　　　审核　　　制单

图 4-11　记账凭证

4. 广东家华木业有限公司 2019 年 7 月 19 日收到深圳佳缘家具有限公司支付的本月 10 日的货款。

中国工商银行支票（粤）　　　GS 06824241

付款期限自出票之日起十天

出票日期（大写）贰零壹玖年柒月壹拾玖日　　付款行名称：工行怡景支行

收款人：广东家华木业有限公司　　出票人账号：12934783058

人民币（大写）	千	百	十	万	千	百	十	元	角	分
玖万肆仟柒佰玖拾肆元整			¥	9	4	7	9	4	0	0

用途 支付货款　　　　密码

上列款项请从我账户内支付　　深圳佳缘家具有限公司财务专用章　　郑利德　　行号

出票人签章　　　　复核　　记账

附加信息：	被背书人：	被背书人：
	背书人签章 年　月　日	背书人签章 年　月　日

图 4-12　转账支票

中国建设银行**进账单** （回 单） 1

年 月 日

<table>
<tr><td rowspan="3">出票人</td><td>全 称</td><td colspan="3"></td><td rowspan="3">收款人</td><td>全 称</td><td colspan="11"></td></tr>
<tr><td>账 号</td><td colspan="3"></td><td>账 号</td><td colspan="11"></td></tr>
<tr><td>开户银行</td><td colspan="3"></td><td>开户银行</td><td colspan="11"></td></tr>
<tr><td rowspan="2">金额</td><td colspan="5" rowspan="2">人民币
(大写)</td><td></td><td>亿</td><td>千</td><td>百</td><td>十</td><td>万</td><td>千</td><td>百</td><td>十</td><td>元</td><td>角</td><td>分</td></tr>
<tr><td></td><td></td><td></td><td></td><td></td><td></td><td></td><td></td><td></td><td></td><td></td><td></td></tr>
<tr><td colspan="2">票据种类</td><td></td><td>票据张数</td><td></td><td colspan="13" rowspan="3">开户银行盖章</td></tr>
<tr><td colspan="2">票据号码</td><td colspan="3"></td></tr>
<tr><td colspan="5">复核 记账</td></tr>
</table>

此联是开户银行交给持（出）票人的回单

图 4-13 银行进账单

现金折扣审批单

2019 年 7 月 19 日 单位:元

购买单位	深圳佳缘家具有限公司		现金折扣条件	(2/10, 1/20, n/30)	
商品名称	销售时间	收款时间	售价金额	折扣率	现金折扣
办公桌	2019.7.10	2019.7.19	34 200	2%	684.00
沙发	2019.7.10	2019.7.19	51 200	2%	1 024.00
合计	—	—	¥85 400.00	2%	¥1 708.00

会计主管:范永建 销售主管:王裕峰 制表:梁芳

图 4-14 现金折扣审批单

记 账 凭 证

年 月 日　　　　　　　　字第 号

摘要	总账科目	明细科目	借方金额										贷方金额										账页或√
			千	百	十	万	千	百	十	元	角	分	千	百	十	万	千	百	十	元	角	分	
附属单证　张		合计																					

会计主管　　　　记账　　　　审核　　　　制单

图 4-15　记账凭证

第5章 金融资产核算

一、填空题

1. 以公允价值计量且其变动计入当期损益的金融资产可以进一步分为__________和直接指定为以__________且其变动计入__________的金融资产。

2. 交易性金融资产，主要是指企业为了近期内出售以__________为目的而持有的金融资产，如企业从__________购入的、以__________为目的的股票、债券、基金等。

3. 企业取得交易性金融资产时，应当按照该金融资产取得时的__________作为初始确认金额，记入"__________"账户。企业取得交易性金融资产所发生的相关交易费用(包括支付给代理机构、咨询公司、券商等的手续费、佣金及其他必要支出)，应当在其发生时记入"__________"账户。

4. 当期末交易性金融资产的公允价值大于其账面余额时，借记"__________"账户，贷记"__________"账户。当期末交易性金融资产的公允价值小于其账面余额时，借记"__________"账户，贷记"__________"账户。

5. 企业应在__________按照__________对交易性金融资产进行计量，并将公允价值与账面余额之间的差额计入__________。

6. 长期股权投资账户应按长期股权投资的类别或品种，分别设置"__________""__________""__________"等明细分类账，进行明细分类核算。

7. "持有至到期投资"账户应按持有至到期投资的类别和品种，分别设置"__________""__________""__________"等明细分类账，进行明细分类核算。

8. 对于股权类可供出售金融资产，资产负债表日，可供出售金融资产的公允价值高于其账面余额，按其差额，借记"__________"账户，贷记"__________"账户。

二、判断题

1. "交易性金融资产"账户的期末借方余额，反映企业持有的交易性金融资产的成本与市价中的较低者。 (　　)

2. 企业在持有以公允价值计量且其变动计入当期损益金融资产期间取得的利息或现金股利，应当冲减交易性金融资产的账面价值。 (　　)

3. 资产负债表日,企业应将以公允价值计量且其变动计入当期损益的金融资产或金融负债的公允价值变动计入当期损益,核算时应通过“投资收益”账户核算。 ( )

4. 处置交易性金融资产时,该金融资产的公允价值与初始入账金额之间的差额应确认为投资收益,同时将原记入“公允价值变动损益”账户的金额转入“投资收益”账户。 ( )

5. 企业以公允价值计量且其变动计入当期损益的金融资产,应当按照取得时的公允价值和相关的交易费用作为初始确认金额,支付的价款中包含的已宣告但尚未发放的现金股利或债券利息,应当单独确认为应收项目。 ( )

6. 企业持有交易性金融资产期间,如果公允价值上升,借记“投资收益”账户,贷记“公允价值变动损益”账户。 ( )

7. 企业购入采用成本法核算长期股权投资时,不需要对长期股权投资的账面价值进行调整。 ( )

8. 长期股权投资采用成本法核算,因被投资企业其他综合收益的变动,投资企业按其享有的份额增加或减少其他综合收益。 ( )

9. 其他综合收益账户,核算企业根据企业会计准则规定未在当期损益中确认的各项利得和损失。 ( )

10. 确定持有至到期投资发生减值的,按应减记的金额,借记“信用减值损失”账户,贷记“持有至到期投资——减值准备”账户。 ( )

三、选择题

1. 根据企业会计准则规定,以公允价值计量且其变动计入当期损益的金融资产,是指( )。

A. 交易性金融资产　　B. 持有至到期投资

C. 可供出售金融资产　　D. 存贷款资产

2. 下列项目中,应计入交易性金融资产取得成本的是( )。

A. 支付的购买价格

B. 支付价格中包含的已宣告但尚未支付的现金股利

C. 支付的手续费

D. 支付的相关税费

3. 企业以交易为目的购入某公司债券,购入债券中所包含的已到付息期但尚未支付的债券利息,应记入( )账户。

A. “交易性金融资产”　　B. “应收利息”

C. “应收股利”　　D. “其他应收款”

4. 企业以交易为目的购入某公司股票,购入股票中所包含的已宣告但尚未支付的现金股利,应记入( )账户。

A. “交易性金融资产”　　B. “应收利息”

C.“应收股利”　　D.“应收账款”

5. 企业以交易为目的从公开市场以每股10元的价格购买一上市公司股票10 000股，支付有关的税费500元，该股票的每股价格中包含有0.5元已宣告但尚未支付的现金股利。该企业应记入“交易性金融资产”账户的金额为(　　)元。

A. 100 000　　B. 100 500

C. 105 000　　D. 95 000

6. 2019年8月1日，甲公司从公开市场购入乙公司发行的股票20 000股，每股10元，其中包含已宣告但尚未发放的现金股利0.6元，另支付交易费用1 000元。企业将其划分为交易性金融资产核算，则其初始入账价值是(　　)元。

A. 201 000　　B. 200 000　　C. 188 000　　D. 189 000

7. 关于交易性金融资产的计量，下列说法中正确的是(　　)。

A. 资产负债表日，企业应将金融资产的公允价值变动计入当期所有者权益

B. 应当按取得该金融资产的公允价值与相关交易费用之和作为初始确认金额

C. 处置该金融资产时，其公允价值与初始入账金额之间的差额应确认为投资收益，不调整公允价值变动损益

D. 应当按取得该金融资产的公允价值作为确认金额，相关交易费用在发生时计入当期损益

8. 投资企业对长期股权投资采用成本法核算，投资企业于投资当年分得的利润或现金股利，是由投资前被投资单位实现的利润分配得来的，因此应作为(　　)。

A. 投资收益　　B. 冲减财务费用

C. 投资成本的收回　　D. 资本公积

9. 采用成本法核算的长期股权投资，投资企业按应享有的、确认为当期投资收益的部分，借记“应收股利”账户，贷记(　　)账户。

A.“投资收益”　　B.“财务费用”

C.“公允价值变动损益”　　D.“长期股权投资”

10. 权益法下，长期股权投资的初始投资成本小于投资时应享有被投资单位可辨认净资产公允价值份额的，按投资时应享有被投资单位可辨认净资产公允价值份额，借记“长期股权投资——成本”账户，按实际支付的价款，贷记“银行存款”等账户，按其差额，贷记(　　)账户。

A.“投资收益”　　B.“营业外收入”

C.“公允价值变动损益”　　D.“长期股权投资”

四、会计核算题

根据以下经济业务，编制相关会计分录。

1. 某企业于2019年7月9日以交易为目的从公开市场购入西凌股份公司股票50 000

股,每股买价10元,另支付交易手续费1 200元,取得增值税专用发票,增值税税率为6%。西凌公司于7月6日宣告每10股派发2元现金股利,该现金股利按7月16日的股东名册发放。

2. 某企业2019年7月9日以交易为目的从公开市场以52 500元的价格购入林海股份公司2016年1月1日发行的为期5年的债券,购入时另支付相关费用500元,取得增值税专用发票,增值税税率为6%。该债券年利率为10%,债券面值为50 000元,每半年计息一次,每年的7月10日和次年的1月10日付息。

3. 某企业2019年7月18日在公开市场将南方股份公司股票20 000股全部出售,实际收到400 000元存入银行,出售时"交易性金融资产——成本(南方股份)"账户的账面余额为250 000元,"交易性金融资产——公允价值变动(南方股份)"账户的贷方账面余额为65 000元,"公允价值变动损益"账户的借方账面余额为65 000元。

4. 某企业2019年7月5日以交易为目的从公开市场以122 500元的价格购入海利股份公司2016年1月1日发行的为期5年的债券,购入时另支付相关费用1 500元,取得增值税专用发票,增值税税率为6%。该债券年利率为10%,债券面值为120 000元,每半年计息一次,每年的7月10日和次年的1月10日付息。2019年7月10日企业收到海利公司转来的债券利息。2019年12月31日计提所持债券利息。2020年1月10日收到债券利息。2020年2月15日出售所持海利公司债券,取得价款130 000元存入银行。

5. 某企业于2019年6月12日以交易为目的从公开市场购入星星股份公司股票10 000股,每股买价10.2元,另支付交易手续费500元,取得增值税专用发票,增值税税率为6%。星星公司于6月6日宣告每10股派发2元现金股利,该现金股利按6月15日的股东名册发放。6月30日该股票每股市价为8.5元,12月31日该股票每股市价为12.5元。2020年1月16日星星公司宣告分派现金股利,每10股派发3元。2020年1月24日收到星星公司分派的现金股利。2020年3月20日该企业出售星星公司全部股票10 000股,每股价格为15元。假设该企业每年6月30日和12月31日对外提供财务报告。

6. 甲公司 2013 年 1 月 1 日以银行存款 1 050 000 元(含交易费用)购买乙公司 2013 年 1 月 1 日发行的 5 年期债券 10 000 份,债券面值 100 元,票面年利率 8%,到期一次性还本付息。甲公司有意图也有能力将该债券持有至到期,划分为持有至到期投资。假定不考虑所得税、减值损失等因素。请核算甲公司 2013—2017 年持有至到期投资的业务。

7. 甲公司 2013 年 1 月 1 日以银行存款 1 000 000 元(含交易费用)购买乙公司 2013 年 1 月 1 日发行的 5 年期债券 10 000 份,债券面值 100 元,票面年利率 8%,于每年年末支付本年度债券利息,本金到期一次性偿还。甲公司有意图也有能力将该债券持有至到期,划分为持有至到期投资。

2014 年 12 月 31 日,有客观证据表明乙公司发生了严重的财务困难,甲公司据此认定对乙公司的债券投资发生了减值,预计债券利息能全部收到,但本金只能收回 800 000 元。

2016 年 12 月 31 日,有客观证据表明乙公司财务状况显著改善,其偿债能力有所恢复,预计债券利息能全部收到,但本金只能收回 950 000 元。假定不考虑所得税等因素。

请核算甲公司 2013—2017 年持有至到期投资的业务。

8. 甲公司 2019 年 7 月 12 日自公开市场,以银行存款 80 000 000 元购买乙公司 20%的股份,另支付手续费等交易费用 1 000 000 元,取得增值税专用发票,增值税税率为 6%。甲公司取得该部分股权后能够对乙公司施加重大影响。假定甲公司取得该项投资时,乙公司已宣告但尚未发放现金股利,甲公司按其持股比例计算确定可分得 300 000 元。请完成甲公司取得乙公司股权的账务处理。

9. 甲公司 2018 年 6 月 19 日自非关联方处取得乙公司 60%的股份,成本为 12 000 000 元,相关手续于当日完成,并能够对乙公司实施控制。2019 年 4 月 9 日,乙公司宣告分派现金股利,甲公司按照持股比例可取得 500 000 元。乙公司于 5 月 16 日实际分派现金股利。

五、会计实操题(要求完成未填好的原始凭证,填制记账凭证)

1. 广东家华木业有限公司2019年7月16日以交易为目的,通过公开市场购入众业达股票5 000股,每股市价21.46元,另支付交易手续费等相关费用162元,取得增值税专用发票,增值税税率为6%。

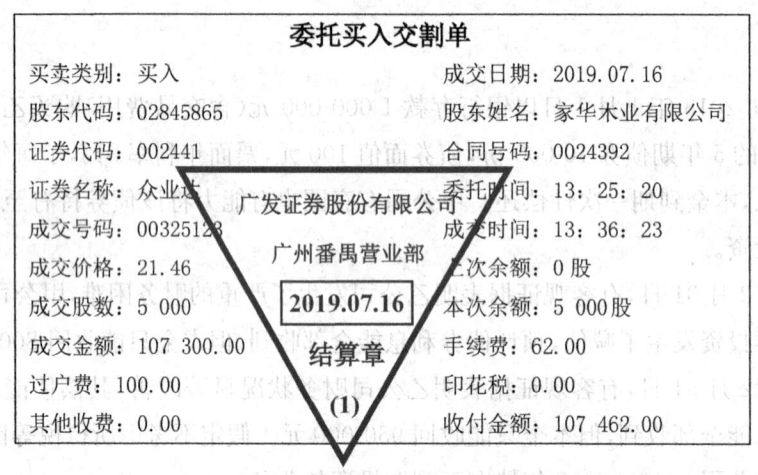

委托买入交割单

买卖类别:买入	成交日期:2019.07.16
股东代码:02845865	股东姓名:家华木业有限公司
证券代码:002441	合同号码:0024392
证券名称:众业达	委托时间:13:25:20
成交号码:00325123	成交时间:13:36:23
成交价格:21.46	上次余额:0股
成交股数:5 000	本次余额:5 000股
成交金额:107 300.00	手续费:62.00
过户费:100.00	印花税:0.00
其他收费:0.00	收付金额:107 462.00

广发证券股份有限公司
广州番禺营业部
2019.07.16
结算章
(1)

图5-1 委托买入交割单

记 账 凭 证

年 月 日 字第 号

摘要	总账科目	明细科目	借方金额										贷方金额										账页或√
			千	百	十	万	千	百	十	元	角	分	千	百	十	万	千	百	十	元	角	分	
附属单证 张		合计																					

会计主管　　记账　　审核　　制单

图5-2 记账凭证

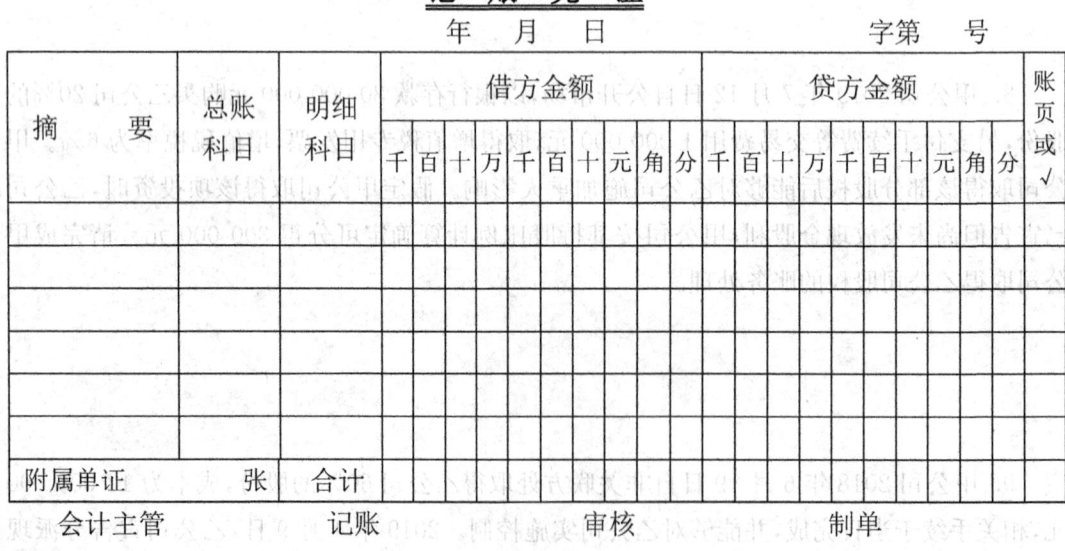

2. 广东家华木业有限公司2019年7月19日以交易为目的,通过公开市场购入力生制药股票2 000股,每股市价46.80元,另支付交易手续费等相关费用124元,取得增值税专用发票,增值税税率为6%。力生制药于7月16日宣告每10股派发现金股利5元,该现金股

利将按 7 月 25 日的股东名册发放。

委托买入交割单

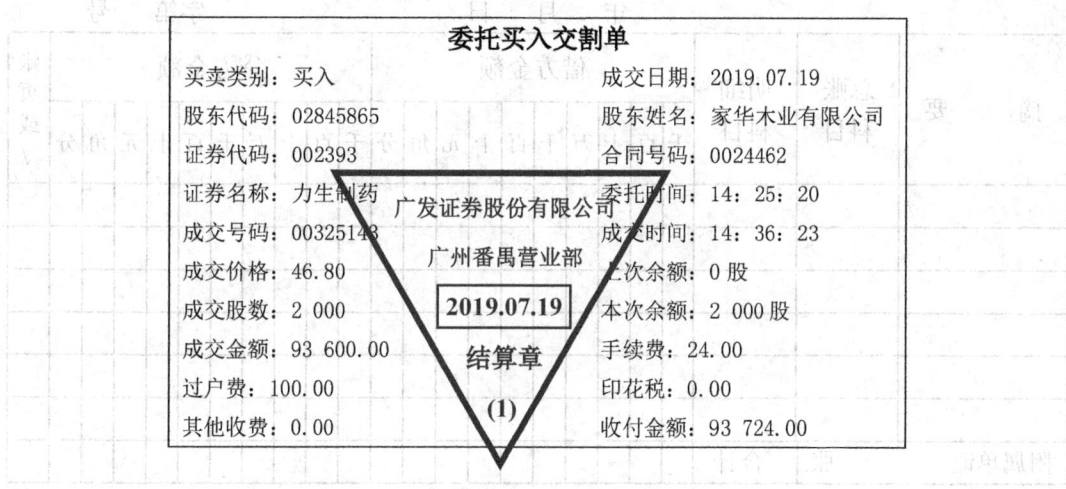

买卖类别：买入	成交日期：2019.07.19
股东代码：02845865	股东姓名：家华木业有限公司
证券代码：002393	合同号码：0024462
证券名称：力生制药	委托时间：14：25：20
成交号码：00325143	成交时间：14：36：23
成交价格：46.80	上次余额：0 股
成交股数：2 000	本次余额：2 000 股
成交金额：93 600.00	手续费：24.00
过户费：100.00	印花税：0.00
其他收费：0.00	收付金额：93 724.00

广发证券股份有限公司
广州番禺营业部
2019.07.19
结算章
(1)

图 5-3　委托买入交割单

力生制药 2018 年度分红派息实施公告

力生制药（002393）2018 年度权益分派方案为：每 10 股派 5 元人民币现金。

股权登记日：2019 年 7 月 25 日，除息日：2019 年 7 月 26 日。

本公司此次委托中国结算深圳分公司代派的股息将于 2019 年 7 月 26 日通过股东托管证券公司（或其他托管机构）直接划入其资金账户。

力生制药股份有限公司
210306458268326
2019 年 7 月 16 日

图 5-4　分红派息实施公告

应收股利计算表

2019 年 7 月 19 日　　　　单位：元

项　目	股份数	股利分配率	应分得股利
应收股利	2 000	0.5%	1 000
合　计	2 000	0.5%	￥1 000.00

会计主管：范永建　　　　会计：杨东梅　　　　制表：梁芳

图 5-5　应收股利计算表

记 账 凭 证

年　月　日　　　　　　　　　字第　号

摘　要	总账科目	明细科目	借方金额										贷方金额										账页或√
			千	百	十	万	千	百	十	元	角	分	千	百	十	万	千	百	十	元	角	分	
附属单证　张		合计																					

会计主管　　　记账　　　审核　　　制单

图 5-6　记账凭证

第6章　固定资产核算

一、填空题

1. 符合固定资产概念的资产，要确认为企业的固定资产，还需要同时满足以下两个条件：__________、__________。

2. 判断某项固定资产所包含的经济利益是否很可能流入企业，主要依据与该固定资产__________相关的__________和__________是否转移到了企业。

3. 企业固定资产应当按照__________进行初始计量。由于企业取得固定资产的__________和__________不同，其入账成本也有所不同。

4. 企业自行建造固定资产主要有__________和__________两种方式，由于建设方式的不同，其会计核算也有所不同。

5. 影响固定资产折旧的因素主要有__________、__________、固定资产预计净残值等。

6. 计提固定资产折旧的时间范围是：当月增加的固定资产，__________；当月减少的固定资产，__________。

7. 企业应按__________计提折旧，计提的折旧应记入"__________"账户，并根据其__________计入相关资产的成本或当期损益。

8. 固定资产租赁，按其性质可分为__________和__________。

9. 在经营租赁下，承租人不能将租赁资产__________，一般只可将支付或应付的租金在__________内按__________计入相关资产成本或当期损益；其他方法更为系统合理的，也可以采用其他方法。

10. 企业对原有固定资产的更新改造、装修工程等支出，一般属于__________。资本化后续支出通过"__________"账户核算。

11. 企业对原有固定资产进行维护、维修等支出，不论是大修，还是中小修理，一般属于__________。费用化后续支出在__________时应直接计入__________。

12. 企业在财产清查中盘盈固定资产，应作为前期差错处理，通过"__________"账户核算；企业在财产清查中盘亏固定资产，应通过"__________"账户核算。

二、判断题

1. 判断某项固定资产所包含的经济利益是否很可能流入企业,主要依据与该固定资产所有权相关的风险和报酬是否转移到了企业。 (　　)

2. 融资租赁租入的固定资产,在租赁期内,因所有权不属于本企业,不能列为企业自有固定资产进行管理。 (　　)

3. 自行建造固定资产,应按建造该项固定资产竣工验收时所发生的必要支出,作为入账成本。 (　　)

4. 已达到预定可使用状态的固定资产,无论是否交付使用,尚未办理竣工决算的,应当按照估计价值确认为固定资产,并计提折旧;待办理竣工决算手续后,再按实际成本调整原来的暂估价值,并需要调整原已计提的折旧额。 (　　)

5. 提前报废的固定资产,无论是否提足折旧,均不再补提折旧。 (　　)

6. 按双倍余额递减法计提的折旧额在任何时期都大于按年限平均法计提的折旧额。 (　　)

7. 我国现行会计制度规定,企业可根据自身情况,自行选择平均年限法、工作量法、年数总和法和双倍余额递减法中的任意一种方法计提折旧。 (　　)

8. 承租人对经营租入的固定资产应列为代管物资,在固定资产备查簿中进行登记。 (　　)

9. 经营租赁下,租出的固定资产仍然属于出租方,出租方应将它作为自身的资产在资产负债表中列示,账面不能减少该资产价值。 (　　)

10. 企业对原有固定资产的更新改造、装修工程等支出,一般属于资本化后续支出。 (　　)

11. 企业对原有固定资产进行维护、维修的支出,如果是固定资产大修,则属于资本化后续支出。 (　　)

12. 企业生产车间(生产部门)发生的固定资产修理费等后续支出,记入“制造费用”账户。 (　　)

三、选择题

1. 以下不属于在用固定资产的是(　　)。

A. 大修理停用的固定资产　　B. 季节性停用的固定资产

C. 出租的固定资产　　D. 尚未达到使用状态的在建工程

2. 企业采用自营方式建造固定资产时,下列(　　)不能计入固定资产取得成本。

A. 生产部门人员的工资费用　　B. 在建工程人员的工资

C. 工程建设耗用的原材料　　D. 工程建设耗用的工程物资

3. 购入需要安装的固定资产,其取得成本应先记入(　　)账户。

A.“工程物资” B.“在建工程” C.“制造费用” D.“固定资产”

4. 企业采用出包方式建造固定资产，在预付工程款时，应借记(　　)账户。

A.“固定资产” B.“在建工程” C.“工程物资” D.“预付账款”

5. 按企业会计准则规定，下列各项固定资产中，当月应计提折旧的是(　　)。

A. 土地 B. 当月增加的固定资产

C. 经营租入的固定资产 D. 当月报废的固定资产

6. 固定资产发生盘亏时，应根据固定资产的(　　)转入“待处理财产损溢”账户。

A. 原始价值 B. 账面价值 C. 折余价值 D. 市场价值

7. 下列各项中，不能作为固定资产核算的是(　　)。

A. 企业生产产品使用的机器 B. 单独计价入账的土地

C. 企业经营租入的生产线 D. 企业融资租入的厂房

8. 购入生产线支付的增值税应记入(　　)账户。

A.“管理费用” B.“制造费用”

C.“应交税费——应交增值税” D.“固定资产原价”

9. 某公司扩建厂房，原厂房的账面净值为 500 万元，扩建过程中发生的材料、人工费 200 万元，残料变价收入 5 万元。扩建后厂房的账面价值应为(　　)万元。

A. 200 B. 500 C. 700 D. 695

10. 某企业对一座建筑物进行改建。该建筑物的原价 100 万元，已提折旧为 60 万元。改建过程中发生支出 30 万元。被替换部分固定资产的账面价值为 5 万元。该建筑物改建后的入账价值为(　　)万元。

A. 65 B. 70 C. 125 D. 130

11. 某企业 2019 年 6 月末固定资产账面原值为 900 000 元，7 月份报废设备 220 000 元，一条新建的生产线投入使用，入账价值为 350 000 元，企业采用年限平均法计提折旧，7 月末计算应计提折旧的固定资产原值是(　　)元。

A. 900 000 B. 680 000 C. 1 250 000 D. 1 030 000

12. 某企业 2019 年 7 月应计提折旧额为 120 000 元，7 月份增加固定资产应计提折旧额为 10 000 元，减少固定资产应计提折旧额为 25 000 元。该企业 2019 年 8 月份应计提折旧的为(　　)元。

A. 105 000 B. 127 000 C. 134 000 D. 112 000

四、会计核算题

根据以下经济业务，编制相关会计分录。

1. 某公司 2019 年 6 月为自建一栋厂房，购入厂房所需物资 400 000 元，增值税额 52 000元，全部用于厂房建设，领用生产用材料一批，成本 60 000 元，领用本公司生产水泥一批，实际成本 100 000 元，税务部门计税价格 120 000 元，增值税税率 13%，分配工程人员工资 120 000 元,工程完工并达到预定可使用状态,支付施工管理费 40 000 元,增值税税率 9%。

2. 某公司 2019 年 6 月计提固定资产折旧 256 000 元,其中:车间计提折旧 152 000 元,管理部门计提折旧 78 000 元,专设销售部门计提折旧 26 000 元。

3. 某企业 2019 年 6 月 20 日购入一条需要安装的流水线(机器设备),发票注明价款 500 000 元,增值税额 65 000 元,设备款以商业承兑汇票支付。该流水线安装时领用生产用原材料一批,价值 47 000 元,支付安装工人工资费用 3 000 元。6 月 25 日,该流水线安装完成,并于当日交付使用。

4. 某企业 2019 年 6 月 22 日准备自行建造一座厂房,购入一批工程物资,价款 5 000 000 元,增值税额 650 000 元,款项以银行存款支付。6~12 月建造厂房过程中,领用工程物资 4800 000 元(不含增值税);应分摊的工资费用 50 000 元。该厂房于 12 月 25 日达到预定可使用状态,剩余工程物资转为该企业的原材料。

5. 某企业 2019 年 6 月 30 日财产清查时,盘盈账外设备一台,该设备八成新,市场价值为 400 000 元;盘亏一台价值 50 000 元的小型设备,该设备已提折旧 20 000 元。经批准,盘亏设备计入企业的营业外支出。

6. 某企业 2019 年 7 月 16 日对一台生产设备进行报废处理,该设备原值 6 000 000 元,已计提折旧 5 000 000 元。报废时,支付清理费用 5 000 元,收到保险公司的赔偿款 200 000 元和清理残料变卖收入 100 000 元(假设不考虑相关税费),款项已存入银行。

7. 某企业 2019 年 7 月 20 日对本企业仓库出包给广东丰泰建筑公司进行改扩建,仓库原价 2 000 000 元,已提折旧 1 400 000 元,没有减值准备,出包改建工程发生费用共计 1 200 000 元,增值税税率为 9%,10 月 30 日工程完工达到预定可使用状态。

8. 某企业 2017 年 8 月 1 日购入设备一台，其入账价值为 210 000 元，预计净残值 10 000 元，预计使用年限为 5 年。试采用平均年限法、年数总和法和双倍余额递减法分别计算 2017 年、2018 年的折旧额。

9. 某企业 2019 年 8 月 15 日租入生产线一条，租赁期 2 年，从承租日开始，公司出包给广东中泰设备工程公司对该生产线进行改装，9 月 30 日工程完工，支付出包工程款 240 000 元，增值税税率 9%。

五、会计实操题（要求完成未填好的原始凭证，填制记账凭证）

1. 广东家华木业有限公司 2019 年 7 月 20 日，向广州福林机械有限公司购买锯木机一台，收到增值税专用发票一张，款项已承付。

广东增值税专用发票

（全国统一发票监制章　广东　国家税务总局监制）

4401541282　　　　　　　　　　№ 425363051

开票日期：2019 年 07 月 20 日

购货单位	名　称：广东家华木业有限公司 纳税人识别号：440103256268024 地址、电话：番禺区东环路 120 号 56327581 开户行及账号：建行东环支行 11682674052			密码区	（略）		
货物或应税劳务、服务名称	规格型号	单位	数量	单价	金额	税率	税额
锯木机		台	1	86 000.00	86 000.00	13%	11 180.00
合　计					¥86 000.00		¥11 180.00
价税合计（大写）	⊗玖万柒仟壹佰捌拾圆整				（小写）¥97 180.00		
销货单位	名　称：广州福林机械有限公司 纳税人识别号：440103568268026 地址、电话：芳村区芳村大道 2 号 83682585 开户行及账号：工行芳村支行 11629413054			备注	（广州福林机械有限公司 440103568268026 发票专用章）		

第三联：发票联　购买方记账凭证

收款人：刘丽纯　　复核：陈丽芬　　开票人：林娜　　销货单位：（章）

图 6-1　增值税专用发票

中国建设银行支票存根(粤)	中国建设银行支票(粤) GS 07384052
GS 07384052	出票日期(大写)　年　月　日　付款行名称:
附加信息	收款人:　出票人账号:
	人民币(大写)　千 百 十 万 千 百 十 元 角 分
出票日期　年　月　日	付款期限自出票之日起十天
收款人:	用途　广东家华木业有限公司财务专用章　密码
金　额:	上列款项请从我账户内支付　陈家华
用　途:	出票人签章
单位主管　会计	复核　记账

附加信息:	被背书人	被背书人
	背书人签章 年　月　日	背书人签章 年　月　日

(粘贴单处)

根据《中华人民共和国票据法》等法律法规的规定，签发空头支票由中国人民银行处以票面金额 5%但不低于 1 000元的罚款。

图 6-2　支票

固定资产验收单

验收日期 2019 年 7 月 20 日　　编号:00501

固定资产管理部门	项目名称	锯木机	电动机			
	型　号		总功率			
	规　格		出厂编号		出厂日期	2019.07.20
	制造厂	福林机械公司	自重量		始用日期	2019.07.20
	尺　寸		使用部门	家具车间	施工工号	

（续表）

固定资产管理部门	随机附件					
	名称	型号规格	数量	名称	型号规格	数量
	说明书		装箱单		图纸	
	合格证		精度单		资料验收人	
	设备类别			使用年限		
	精度等级			分类划级		
财务部门	设备费用	¥86 000.00		安装及其他费		
	原值合计	¥86 000.00		资产来源	购入	
验收意见	验收合格 验收人:李怡华					
部门签名	使用部门	周利元	固定资产管理部门	陈德明	财务部门	范永建

图6-3　固定资产验收单

记 账 凭 证

年　月　日　　　　　　字第　号

摘要	总账科目	明细科目	借方金额										贷方金额										账页或√
			千	百	十	万	千	百	十	元	角	分	千	百	十	万	千	百	十	元	角	分	
附属单证　张		合计																					

会计主管　　　　记账　　　　审核　　　　制单

图6-4　记账凭证

2. 广东家华木业有限公司 2019 年 7 月 31 日计提本月固定资产折旧。

折旧计算表

2019 年 7 月 31 日　　单位:元

固定资产类型	固定资产价值	月折旧率	月折旧额
生产用固定资产	3 168 000.00	0.75%	23 760.00
非生产用固定资产	1 094 000.00	0.65%	7 111.00
合　计	￥4 262 000.00	—	￥30 871.00

会计主管:范永建　　复核:杨东梅　　制表:谢丽华

图 6-5　折旧计算表

记　账　凭　证

年　　月　　日　　字第　　号

摘　　要	总账科目	明细科目	借方金额										贷方金额										账页或√
			千	百	十	万	千	百	十	元	角	分	千	百	十	万	千	百	十	元	角	分	
附属单证　张		合计																					

会计主管　　记账　　审核　　制单

图 6-6　记账凭证

第7章　投资性房地产核算

一、填空题

1. 投资性房地产，是指企业为＿＿＿＿＿＿＿或＿＿＿＿＿＿＿，或者两者兼有而持有的房地产。

2. 投资性房地产是一种经营性活动，其主要包括已出租的土地使用权、＿＿＿＿＿＿＿和＿＿＿＿＿＿＿。

3. 采用公允价值模式计量的投资性房地产，企业应在资产负债表日按照＿＿＿＿＿＿＿对该投资性房地产进行计量，并将其＿＿＿＿＿＿＿与账面余额之间的差额计入当期损益。

4. 部分用于自用，部分用于出租的房地产，其自用的部分以及不能单独计量和出售的出租部分，应确认为＿＿＿＿＿＿＿或＿＿＿＿＿＿＿。

5. 处置采用公允价值模式计量的投资性房地产，企业应结转该投资性房地产累计公允价值变动，借记或贷记“＿＿＿＿＿＿＿”账户，贷记或借记“＿＿＿＿＿＿＿”账户。

二、判断题

1. 企业以经营租赁方式租入再转租给其他单位的土地使用权，应该确认为投资性房地产。（　　）

2. 企业计划用于出租，但尚未出租的土地使用权，应当确认为投资性房地产。（　　）

3. 企业以经营租赁方式租入再转租给其他单位的建筑物不属于投资性房地产。（　　）

4. 如果某项房地产，部分用于出租，且能够单独计量和出售，该部分房地产不能确认为投资性房地产。（　　）

5. 企业外购的房地产，只有在购入的同时开始对外出租或用于资本增值，才能作为投资性房地产加以确认。（　　）

6. 采用公允价值模式计量的投资性房地产，企业应按固定资产或无形资产的有关规定，按期（月）计提折旧或摊销。（　　）

7. 已计提减值准备的投资性房地产，其减值损失在以后会计期间可以转回。（　　）

8. 已采用公允价值模式计量的投资性房地产，不得从公允价值模式转为成本模式计量。（　　）

三、选择题

1. 企业外购投资性房地产,应按(　　)进行初始计量。

A. 实际成本　　B. 公允价值

C. 未来租金收入的现值　　D. 重置成本

2. 企业购入按成本模式计量的投资性房地产,应按取得时的实际成本,借记(　　)账户。

A. "投资性房地产——成本"　　B. "投资性房地产"

C. "投资性房地产——公允价值变动"　　D. "固定资产"

3. 企业自行建造按公允价值模式计量的投资性房地产,应按确定的自行建造投资性房地产成本,借记(　　)账户。

A. "投资性房地产——成本"　　B. "投资性房地产"

C. "投资性房地产——公允价值变动"　　D. "固定资产"

4. 企业出租投资性房地产,取得的租金收入,记入(　　)账户。

A. "主营业务收入"　　B. "营业外收入"

C. "其他业务收入"　　D. "投资收益"

5. 采用成本模式计量的投资性房地产,存在减值迹象的,应计提减值准备,借记(　　)账户。

A. "投资性房地产减值准备"　　B. "坏账准备"

C. "固定资产减值准备"　　D. "资产减值损失"

四、会计核算题

1. 甲公司将一栋写字楼出租给乙公司使用,确认为投资性房地产,采用成本模式进行计量。假设该栋写字楼的成本为 7 200 万元,按照年限平均法计提折旧,使用寿命为 20 年,预计净残值为 0。经营租赁合同约定,乙公司每月等额支付甲公司租金 40 万元。

2. 甲公司将其出租的一栋写字楼确认为投资性房地产,采用成本模式计量。租赁期满后,甲公司将该栋写字楼出售给乙公司,合同价款为 2 000 万元,乙公司已用银行存款付清。出售时,该栋写字楼的成本为 1 800 万元,已计提折旧 200 万元。假定不考虑相关税费等因素。

3. 甲公司 2019 年 9 月与乙公司签订租赁协议，约定将甲公司新建造的一栋写字楼租赁给乙公司使用，租赁期为 10 年。2019 年 12 月 1 日，该写字楼开始起租，写字楼的工程造价为 8 000 万元，公允价值也为相同金额。甲公司采用公允价值模式对该写字楼进行计量。2019 年 12 月 31 日，该写字楼的公允价值为 8 400 万元。

4. 甲公司将其出租的一栋写字楼确认为投资性房地产，采用公允价值模式计量。租赁期满后，甲公司将该栋写字楼出售给乙公司，合同价款为 2 000 万元，乙公司已用银行存款付清。出售时，该栋写字楼的成本为 1 600 万元，公允价值变动为借方余额 200 万元。假定不考虑相关税费等因素。

五、会计实操题（要求完成未填好的原始凭证，填制记账凭证）

1. 广东家华木业有限公司取得 2019 年 8 月份出租投资性房地产的租金收入。

广东增值税专用发票

4601041141　　　　№ 201404605

此联不作报销、扣税凭证使用

开票日期：2019 年 08 月 10 日

购货单位	名　称：广东米奇服饰有限公司 纳税人识别号：440106698268324 地址、电话：增城区小楼镇新庄 32637388 开户行及账号：建行小楼支行 11606396654			密码区	（略）		
货物或应税劳务、服务名称	规格型号	单位	数量	单价	金额	税率	税额
出租厂房		间	1	20 000.00	20 000.00	9%	1 800.00
合　计					¥20 000.00		¥1 800.00
价税合计（大写）	⊗贰万壹仟捌佰圆整				（小写）¥21 800.00		
销货单位	名　称：广东家华木业有限公司 纳税人识别号：440103256268024 地址、电话：番禺区东环路 120 号 56327581 开户行及账号：建行东环支行 11682674052			备注	厂房所在地：小楼镇新庄村		

第一联：记账联　销售方记账凭证

收款人：谢丽华　　复核：杨东梅　　开票人：王耀林　　销货单位：（章）

图 7-1　增值税专用发票

中国建设银行进账单 （回 单） 1

2019 年 08 月 10 日

出票人	全 称	广东米奇服饰有限公司	收款人	全 称	广东家华木业有限公司
	账 号	11606396654		账 号	11682674052
	开户银行	建行小楼支行		开户银行	建行东环支行
金额	人民币（大写）	贰万壹仟捌佰元整		十 元 角 分	¥ 2 1 8 0 0 0 0
票据种类	支票	票据张数	壹		
票据号码	26814365				
复核	记账				开户银行盖章

中国建设银行股份有限公司
广州东环支行
2019.08.10
办讫章
(4)

图 7-2 银行进账单

记 账 凭 证

年 月 日 字第 号

摘 要	总账科目	明细科目	借方金额										贷方金额										账页或√
			千	百	十	万	千	百	十	元	角	分	千	百	十	万	千	百	十	元	角	分	
附属单证 张		合计																					

会计主管 记账 审核 制单

图 7-3 记账凭证

2. 广东家华木业有限公司计提 2019 年 8 月份该投资性房地产的折旧。

折 旧 计 算 表

2019 年 8 月 31 日　　　　　　　　单位:元

使用部门或用途	资　产	月初原值	月折旧率	月折旧额
出租	厂房	3 000 000.00	0.5%	15 000.00
合　计	—	¥3 000 000.00	—	¥15 000.00

会计主管:范永建　　　　复核:杨东梅　　　　制表:谢丽华

图 7-4　折旧计算表

记　账　凭　证

年　　月　　日　　　　　　字第　　号

摘　　要	总账科目	明细科目	借方金额										贷方金额										账页或√
			千	百	十	万	千	百	十	元	角	分	千	百	十	万	千	百	十	元	角	分	
附属单证　　张		合计																					

会计主管　　　　记账　　　　审核　　　　制单

图 7-5　记账凭证

第8章　无形资产核算

一、填空题

1. 相对于其他资产，无形资产具有____________、____________、____________等特征。

2. 企业取得无形资产，应按____________计价入账。不同的____________，其成本构成不尽相同。

3. "研发支出"账户应按研究开发项目，并分别按"____________"与"____________"设置明细分类账，进行明细分类核算。

4. 自行研究开发无形资产的支出，包括____________和____________发生的支出。

5. 企业应当按____________对无形资产进行摊销。无形资产应当自可供使用(即其达到预定用途)____________起开始摊销，处置____________开始不再摊销。

6. 企业自用的无形资产，其摊销金额计入____________；出租的无形资产，其摊销金额计入____________；某项无形资产包含的经济利益通过所生产的产品或其他资产实现的，其摊销金额应当计入相关资产成本。

二、判断题

1. 无形资产是指企业拥有或者控制的没有实物形态的非货币性资产。（　　）

2. 无形资产能在较长时期内为企业带来经济利益，且所带来的经济利益具有一定的确定性。（　　）

3. 企业取得无形资产，一般应按实际成本计价入账，也可按计划成本计价入账。（　　）

4. 企业外购无形资产，应按取得时实际支付的购买价款入账。（　　）

5. 企业自行研究开发无形资产，应以开发阶段的实际成本入账。（　　）

6. 企业自行研究开发无形资产的支出，属于研究阶段的支出，应当于发生时计入当期损益。（　　）

7. 无形资产在摊销时，当月增加的无形资产不进行摊销，当月减少的无形资产要进行摊销。（　　）

8. 企业出售的无形资产，应当按照有关收入确认原则确认所取得的收入，确认出售无

形资产的相关费用,并同时结转无形资产的摊余价值。 （　　）

三、选择题

1. 下列不能确认为无形资产入账的是(　　)。

A. 非专利技术　　B. 土地使用权　　C. 商誉　　D. 商标权

2. 转让无形资产所有权发生的净损益,应记入(　　)账户。

A. "其他业务收入"或"其他业务成本"　　B. "营业外收入"

C. "管理费用"　　D. "资产处置损益"

3. 企业在创造发明某项专利时,所发生的研究费用,应记入(　　)账户。

A. "长期待摊费用"　　B. "研发支出"

C. "管理费用"　　D. "无形资产"

4. 企业出租无形资产取得的收入,应记入(　　)账户。

A. "主营业务收入"　　B. "营业外收入"

C. "其他业务收入"　　D. "投资收益"

5. 下列项目中,应确认为无形资产的是(　　)。

A. 企业自创商誉　　B. 企业内部产生的品牌

C. 企业内部研究开发项目研究阶段的支出　　D. 企业购入的专利权

6. 接受投资者投入的无形资产,应按(　　)入账。

A. 同类无形资产的价格

B. 该无形资产可能带来的未来现金流量之和

C. 投资各方合同或协议约定的公允价值

D. 投资方无形资产账面价值

7. 自用无形资产的摊销,应计入(　　)。

A. 其他业务成本　　B. 长期待摊费用

C. 销售费用　　D. 管理费用

8. 企业出售无形资产发生的净损失,应计入(　　)。

A. 资产处置损益　　B. 其他业务成本　　C. 营业外支出　　D. 管理费用

四、会计核算题

根据以下经济业务,编制相关会计分录。

1. 某企业于 2019 年 7 月 5 日购入一项商标权,价款为 120 000 元、增值税额 7 200 元,以支票支付。预计使用年限为 5 年,该企业于 7 月 31 日进行无形资产摊销。

2. 某企业 2019 年 8 月 1 日向桦林公司出租一项专利权，当月 15 日收到出租收入 8 000 元、增值税额 480 元，存入银行。该项商标权 8 月应计摊销额 1 600 元，城市维护建设税税率 7%，教育费附加率 3%。

3. 某企业 2019 年 8 月 10 日出售一项专利技术，该专利技术成本为 450 000 元，已摊销 150 000 元，出售中实际取得收入 350 000 元、增值税额 21 000 元，款项已存入银行，城市维护建设税税率 7%，教育费附加率 3%，没有无形资产减值准备。

4. 某企业一项专利技术预计不能为企业带来经济利益，企业决定转销其成本，该专利账面成本为 63 500 元，已计提摊销额 52 640 元，无减值准备。

5. 某企业因生产需要购买一项专利权，支付购买费用 98 000 元，增值税额 5 880 元，支付注册登记及手续费 2 000 元；该项专利权摊销期限为 10 年；1 年后企业将该项专利权转让给其他单位，取得收入 120 000 元，增值税额 7 200 元，已存入银行。无减值准备，城市维护建设税税率为 7%，教育费附加率为 3%。

五、会计实操题(要求完成未填好的原始凭证，填制记账凭证)

1. 广东家华木业有限公司 2019 年 7 月 31 日计提本月无形资产摊销额。

无形资产摊销计算表

2019 年 7 月 31 日　　　　金额单位：元

项　目	取得时间	入账价值	摊销年限(年)	摊销方法	月摊销额
沙发设计专利	2016.08.01	93 600.00	5	直线法	1 560.00
办公桌设计专利	2016.08.16	64 000.00	5	直线法	1 060.00
商标权	2017.06.05	180 000.00	8	直线法	1 875.00
办公桌设计专利	2017.01.10	36 600.00	5	直线法	610.00
沙发专利权	2017.08.14	360 000.00	8	直线法	3 750.00
合　计	—	¥734 200.00	—	—	¥8 855.00

会计主管：范永建　　　　会计：杨东梅　　　　制单：谢丽华

图 8-1　无形资产摊销计算表

记 账 凭 证

年　　月　　日　　　　　　　　　　字第　　号

摘　　要	总账科目	明细科目	借方金额										贷方金额										账页或√
			千	百	十	万	千	百	十	元	角	分	千	百	十	万	千	百	十	元	角	分	
附属单证　　张		合计																					

会计主管　　　　记账　　　　审核　　　　制单

图 8-2　记账凭证

2. 广东家华木业有限公司 2019 年 8 月 2 日,向广州家具设计有限公司购入设计专利权一项,收到增值税专用发票一张,款项已承付。

广东增值税专用发票

4401045346　　　　全国统一发票监制章 广东 国家税务总局监制　　　　№ 231308141

开票日期:2019 年 08 月 02 日

购货单位	名　　称:广东家华木业有限公司 纳税人识别号:440103256268024 地址、电话:番禺区东环路 120 号 56327581 开户行及账号:建行东环支行 11682674052					密码区	(略)
货物或应税劳务、服务名称	规格型号	单位	数量	单价	金额	税率	税额
家具设计专利权		项	1	80 000.00	80 000.00	6%	4 800.00
合　　计					¥80 000.00		¥4 800.00
价税合计(大写)	⊗捌万肆仟捌佰圆整				(小写)¥84 800.00		
销货单位	名　　称:广州家具设计有限公司 纳税人识别号:440106868220521 地址、电话:广州中山大道 102 号 86695556 开户行及账号:工行中山支行 16534163984					备注	广州家具设计有限公司 440106868220521 发票专用章

第三联:发票联 购买方记账凭证

收款人:李珍媛　　复核:徐成林　　开票人:陈欣　　销货单位:(章)

图 8-3　增值税专用发票

无形资产入账单

2019 年 8 月 2 日

名称	使用部门	单位	数量	资产情况		
				预计使用年限(年)	原值(元)	取得方式
家具设计专利权		项	1	5	80 000.00	购入

会计主管:范永建　　会计:杨东梅　　制单:谢丽华

图 8-4　无形资产入账单

中国建设银行支票存根(粤)

GS 07384060

附加信息

出票日期　　年　月　日

收款人:

金　额:

用　途:

单位主管　　会计

中国建设银行支票(粤)　　GS 07384060

付款期限自出票之日起十天

出票日期(大写)　　年　月　日　　付款行名称:

收款人:　　出票人账号:

人民币(大写)	千	百	十	万	千	百	十	元	角	分

用途　　密码

上列款项请从我账户内支付　　行号

出票人签章

广东家华木业有限公司财务专用章

陈家华

复核　　记账

附加信息:	被背书人	被背书人
	背书人签章 年　月　日	背书人签章 年　月　日

(粘贴单处)

根据《中华人民共和国票据法》等法律法规的规定,签发空头支票由中国人民银行处以票面金额 5%但不低于 1 000 元的罚款。

图 8-5　支票

记 账 凭 证

年　　月　　日　　　　　　　　　　字第　　号

摘　要	总账科目	明细科目	借方金额										贷方金额										账页或√
			千	百	十	万	千	百	十	元	角	分	千	百	十	万	千	百	十	元	角	分	
附属单证　　张		合计																					

会计主管　　　　　　记账　　　　　　审核　　　　　　制单

图 8-6　记账凭证

第 9 章　生物资产核算

一、填空题

1．生物资产，是指与＿＿＿＿＿相关的有＿＿＿＿＿的动物和植物。

2．企业通常按照价值转移方式，将生物资产划分为＿＿＿＿＿与＿＿＿＿＿。

3．消耗性生物资产通常是一次性消耗并终止其服务能力或未来经济利益，在一定程度上具有＿＿＿＿＿的特征，应当作为＿＿＿＿＿在资产负债表中列报。

4．根据生产性生物资产是否具备生产能力（即是否达到预定生产经营目的），可以将其进一步划分为＿＿＿＿＿与＿＿＿＿＿。

5．消耗性生物资产发生盘亏、死亡或毁损时，应将处置收入扣除其＿＿＿＿＿和相关税费后的余额先记入"＿＿＿＿＿"账户。

6．企业持有的生产性生物资产在其使用寿命期内应当选择＿＿＿＿＿计提折旧。企业应当自生产性生物资产投入使用月份的＿＿＿＿＿起按月计提折旧；停止使用的生产性生物资产，应当自停止使用月份的＿＿＿＿＿起停止计提折旧。

7．企业按月计提成熟生产性生物资产的折旧，借记"＿＿＿＿＿＿＿＿＿＿"等账户，贷记"＿＿＿＿＿"账户。

8．企业将育肥畜转为产畜或役畜，应按其账面价值，借记"＿＿＿＿＿"账户，贷记"＿＿＿＿＿"账户。

9．企业将产畜或役畜淘汰转为育肥畜，应按转群时其账面价值，借记"＿＿＿＿＿"账户，按照已计提的累计折旧，借记"＿＿＿＿＿"账户，按产畜或役畜的原价，贷记"＿＿＿＿＿"账户。

10．企业因出售、对外投资等原因处置生产性生物资产，应按取得的出售生产性生物资产的价款、变价收入等处置收入，借记"银行存款"等账户，按照已计提的累计折旧，借记"＿＿＿＿＿"账户，按产畜或役畜的原价，贷记"＿＿＿＿＿"账户，按其差额，贷记"＿＿＿＿＿"账户或借记"＿＿＿＿＿"账户。

二、判断题

1．生物资产是指与农业生产相关的有生命的动物和植物。（　　）

2. 消耗性生物资产通常是一次性消耗并终止其服务能力或未来经济利益，在一定程度上具有存货的特征，应当作为存货在资产负债表中列报。（　）

3. 生产性生物资产具有能够在生产经营中长期、反复使用，从而不断产出农产品或者长期役用的特征。（　）

4. 可以计入自行栽培大田作物、蔬菜的成本包括直接材料、直接人工以及其他直接费用。（　）

5. 林木类消耗性生物资产郁闭前和郁闭后发生的支出都应该费用化。（　）

6. 企业按月计提成熟生产性生物资产的折旧应计入当期损益。（　）

7. 从生产性生物资产上收获农产品的过程中发生的应分摊的间接费用，应计入相关农产品的生产成本。（　）

8. 企业因对外投资处置生产性生物资产取得的净收益应计入投资收益。（　）

9. 企业持有的生产性生物资产在其使用寿命期内应当选择年数总和法计提折旧。（　）

10. 因生产性采伐而补植林木类生产性生物资产发生的后续支出应计入生产性生物资产的成本。（　）

三、选择题

1. 某企业下属的非独立核算的A养猪场从外地购买60头专门用于繁育仔猪的优良种猪，支付对方货款总计90 000元，沿途缴纳相关管理费用1 000元，专程租赁运输公司运费2 000元（尚未支付），同时还支付了可直接归属于购买该资产的其他支出1 500元。判断该生物资产的类型，并确认其初始成本为（　）元。

A. 消耗性生物资产　93 500　　B. 生产性生物资产　93 500

C. 消耗性生物资产　92 500　　D. 生产性生物资产　92 500

2. 下列各项中，属于消耗性生物资产的是（　）。

A. 奶牛　　B. 果树

C. 肉鸡　　D. 种禽

3. 2019年6月，某养殖企业将1 000头种猪转为育肥猪，此批种猪的账面原价为500 000元，已计提折旧200 000元。则以下账务处理正确的是（　）。

A. 借：消耗性生物资产——育肥猪　500 000
　　贷：生产性生物资产——成熟生产性生物资产　500 000

B. 借：消耗性生物资产——育肥猪　200 000
　　贷：生产性生物资产——成熟生产性生物资产　200 000

C. 借：消耗性生物资产——育肥猪　500 000
　　贷：生产性生物资产累计折旧　200 000
　　　　生产性生物资产——成熟生产性生物资产　300 000

D. 借：消耗性生物资产——育肥猪　300 000
生产性生物资产累计折旧　200 000
贷：生产性生物资产——成熟生产性生物资产　500 000

4. 2019 年 6 月 1 日，企业 B 从市场上购入小鸡苗 5 000 只，单价为 1.4 元，此外发生运输费 300 元，保险费 200 元，装卸费 200 元，价款全部以银行存款支付。该生物资产的初始成本应为（　　）元。

A. 7 700　B. 7 500　C. 7 400　D. 7 000

5. 应计提折旧的生物资产是（　　）。

A. 生产性生物资产　B. 消耗性生物资产
C. 成熟生产性生物资产　D. 未成熟生产性生物资产

6. 生物资产按照价值转移方式，可以分为（　　）。

A. 消耗性生物资产与成熟生产性生物资产
B. 生产性生物资产与成熟生产性生物资产
C. 消耗性生物资产与生产性生物资产
D. 未成熟生产性生物资产与成熟生产性生物资产

7. 甲企业用一台拖拉机翻耕土地 200 公顷用于小麦和玉米种植，其中，120 公顷种植玉米，80 公顷种植小麦。该拖拉机原值为 85 000 元，预计净残值为 5 000 元，按照工作量法计提折旧，预计可以翻耕土地 8 000 公顷。下列账务处理，正确的是（　　）。

A. 借：消耗性生物资产　2 000
贷：累计折旧　2 000

B. 借：农产品——玉米　1 200
——小麦　800
贷：累计折旧　2 000

C. 借：生产性生物资产——玉米　1 200
——小麦　800
贷：累计折旧　2 000

D. 借：消耗性生物资产——玉米　1 200
——小麦　800
贷：累计折旧　2 000

8. 下列有关生物资产的说法中，正确的是（　　）。

A. “生产性生物资产累计折旧”账户用来核算企业成熟生产性生物资产的累计折旧
B. 消耗性生物资产和生产性生物资产持有的目的都是为了出售
C. 企业应当自生产性生物资产投入使用月份的当月起按月计提折旧
D. 生产性生物资产发生的管护、饲料费用等后续支出应当予以资本化

9. 下列关于生产性生物资产折旧的说法中，正确的是（　　）。

A. “生产性生物资产累计折旧”账户应按生产性生物资产的种类、群别等设置明细分类账，进行明细分类核算

B. 影响生产性生物资产折旧的因素包括成熟生产性生物资产原值和预计净残值

C. 企业持有的生产性生物资产在其使用寿命期内应当选择年数总和法计提折旧

D. 企业按月计提成熟生产性生物资产的折旧，应记入“生产成本”账户

10. 2016 年 4 月，甲农业企业 15 头种猪开始产仔，种猪的账面价值为 36 000 元，2018 年 9 月，将这 15 头种猪作价 25 000 元出售。甲农业企业按照 3 年对种猪计提折旧，采用企业会计准则核算。下列说法中，不正确的是(　)。

A. 处置该生产性生物资产时应计提资产减值损失 11 000 元

B. 至 2018 年 9 月累计计提折旧 29 000 元

C. 2016 年 4 月至 2018 年 9 月，每月计提折旧额 1 000 元

D. 处置该生产性生物资产的营业外收入为 18 000 元

四、会计核算题

1. 企业 A 属于农业企业，2019 年发生如下经济业务，请编制相关会计分录。

(1) 1 月发生种猪的饲养费如下：领用饲料 1 000 千克，计 2 000 元，应付饲养人员工资 5 000 元，以现金支付防疫费 800 元。

(2) 2 月 1 日，从市场上一次性购买 6 头种牛、15 头种猪和 600 头猪苗，单价分别为 4 000 元、1 400 元、250 元，支付的价款共计 195 000 元。此外，发生的运输费为 4 500 元，保险费 3 000 元，装卸费 2 250 元，款项全部以银行存款支付。

(3) 4 月 20 日，将育成的仔猪 60 头出售给丁食品加工厂，价款总额为 35 000 元，货款尚未收到。出售仔猪的账面价值为 28 000 元。

(4) 5 月 10 日，死亡 2～4 个月的幼猪 3 头，其账面余额 300 元，原因待查；5 月 16 日，经查明，这 3 头幼猪是因为体弱被其他幼猪踩死的。

(5) 6月12日,将80头种猪转为育肥猪,该批种猪的账面原值为600 000元,已计提折旧为200 000元。

2. 企业甲发生以下经济业务,请编制相关会计分录。

(1) 2014年,自行营造50亩苹果林,发生种苗费90 000元,肥料45 000元,农药5 000元,人工费40 000元,机械折旧费10 000元,管护费25 000元。

(2) 2015—2016年,苹果林每年抚育发生化肥费35 000元,农药5 000元,人工费7 500元,管护费10 000元。

(3) 2017年开始苹果树挂果,达到预期经营目的。

(4) 该苹果树从挂果时起,预期经济寿命12年,采用年限平均法计提折旧,期满无残值。计算每年应计提的折旧,并编制相关会计分录。

(5) 该苹果树2017年进入成熟期后,每年抚育发生化肥费10 000元,农药费5 000元,人工费1 500元,其他管护费1 000元。

(6) 该企业下属的D种植队,2018年9月1日开始对上半年种植的马尾松林进行择伐补植,马尾松是以采脂为目的的树种。补植持续到2018年9月30日,共花费10 000元购置马尾松树苗,工资支出10 000元,生产工具累计折旧分摊额1 000元。

五、会计实操题(要求完成未填好的原始凭证,填制记账凭证)

1. 广东精源科技有限公司 2019 年 8 月 8 日,向广州新成食品有限公司销售生猪 50 头,开出增值税普通发票,货款已收到。

广东增值税普通发票

4401381265　　　　　　　　　　　　　　　　　　№ 214523031

全国统一发票监制章 广东 国家税务总局监制

此联不作报销、扣税凭证使用

开票日期:2019 年 08 月 08 日

购货单位	名　　称:广州新成食品有限公司 纳税人识别号:440106256268385 地址、电话:番禺区西丽路 62 号 56367542 开户行及账号:农行西丽支行 11682674124	密码区	(略)

货物或应税劳务、服务名称	规格型号	单位	数量	单价	金额	税率	税额
生猪		头	50	1 500.0	75 000.00	***	***
合　计					¥75 000.00	***	***
价税合计(大写)	⊗柒万伍仟圆整				(小写)¥75 000.00		

销货单位	名　　称:广东精源科技有限公司 纳税人识别号:440103568263542 地址、电话:增城区小楼镇新庄 32637584 开户行及账号:建行小楼支行 11606396204	备注	

收款人:张佳纯　　复核:李丽芬　　开票人:尚晓娜　　销货单位:(章)

第一联:记账联 销售方记账凭证

图 9-1　增值税普通发票

产品出库单

2019 年 8 月 8 日　　　　　　　　　　第 01001 号

产品名称	规格	型号	单位	数量	单位成本	金额(元)
生猪			头	50		

仓库主管:陈丽颖　　　　复核:李红梅　　　　制单:梁晓芳

图 9-2　产品出库单

中国农业银行支票（粤）　　GS 03124021

付款期限自出票之日起十天

出票日期（大写）贰零壹玖年捌月零捌日　　付款行名称：农行西丽支行

收款人：广东精源科技有限公司　　出票人账号：11682674124

人民币（大写）	千	百	十	万	千	百	十	元	角	分
柒万伍仟元整			¥	7	5	0	0	0	0	0

用途 支付货款　　广州新成食品有限公司财务专用章　　陈家成　　密码

上列款项请从我账户内支付　　行号

出票人签章　　复核　　记账

附加信息：	被背书人：	被背书人：
	背书人签章 年 月 日	背书人签章 年 月 日

图 9-3　转账支票

中国建设银行进账单（回　单）　1

年　月　日

出票人	全　称		收款人	全　称	
	账　号			账　号	
	开户银行			开户银行	
金额	人民币（大写）		亿 千 百 十 万 千 百 十 元 角 分		
票据种类		票据张数			
票据号码					
复核	记账		开户银行盖章		

此联是开户银行交给持（出）票人的回单

图 9-4　银行进账单

记 账 凭 证

年 月 日 字第 号

摘要	总账科目	明细科目	借方金额										贷方金额										账页或√
			千	百	十	万	千	百	十	元	角	分	千	百	十	万	千	百	十	元	角	分	
附属单证 张		合计																					

会计主管 记账 审核 制单

图 9-5 记账凭证

2. 广东精源科技有限公司 2019 年 8 月 16 日，向广东世家饲料有限公司采购饲料一批，收到增值税普通发票，款项已付，但饲料尚未收到。

广东增值税普通发票

4408241298 №261061315

全国统一发票监制章 广东 发票联 国家税务总局监制

开票日期：2019 年 08 月 16 日

购货单位	名称：广东精源科技有限公司 纳税人识别号：440103568263542 地址、电话：增城区小楼镇新庄 32637584 开户行及账号：建行小楼支行 11606396204				密码区	（略）	
货物或应税劳务、服务名称	规格型号	单位	数量	单价	金额	税率	税额
饲料		千克	1 800	5.00	9 000.00	9%	810.00
合计					¥9 000.00		¥810.00
价税合计（大写）	⊗玖仟捌佰壹拾圆整				（小写）¥9 810.00		
销货单位	名称：广东世家饲料有限公司 纳税人识别号：440806835268135 地址、电话：梅州市梅江路 25 号 8835632 开户行及账号：建行梅江支行 18722683146				备注	广东世家饲料有限公司 440806835268135 发票专用章	

第二联：发票联 购买方记账凭证

收款人：李泽林 复核：张丰华 开票人：陈丽红 销货单位：（章）

图 9-6 增值税普通发票

电 汇 凭 证（回单） **1** №006890301

第　　号　　　　　　　　　　委托日期　　年　月　日

汇款人	全称			收款人	全称		
	账号或住址				账号或住址		
	汇出地点	汇出行名称			汇入地点	汇入行名称	

金额	人民币（大写）	千	百	十	万	千	百	十	元	角	分

汇款用途：	
上列款项已根据委托办理，如需查询，请持此回单来行面谈	(汇出行盖章)

此联汇出行给汇款人的回单

图 9-7　电汇回单

记 账 凭 证

年　月　日　　　　　　　　字第　　号

摘要	总账科目	明细科目	借方金额 千	百	十	万	千	百	十	元	角	分	贷方金额 千	百	十	万	千	百	十	元	角	分	账页或√
附属单证　张		合计																					

会计主管　　　记账　　　审核　　　制单

图 9-8　记账凭证

第10章　职工薪酬核算

一、填空题

1. 企业应按劳动工资和社会保障制度的规定，根据原始记录计算职工的工资。职工工资计算的原始记录主要有__________、__________、__________等三种。

2. 职工工资的计算包括__________的计算和__________的计算两项内容。实行计时工资制的企业，应按照职工的__________和__________计算应付给职工的工资；实行计件工资制的企业，应按照__________和__________计算职工的工资。

3. 职工工资的结算，通常通过编制__________来进行。工资结算表一般分__________、__________进行编制。

4. 企业应于__________终了，计算本月应付职工工资，并按工资发生的__________或__________进行分配，计入相关资产成本或当期损益。

5. 企业发放工资时，代扣应由职工个人负担的社会保险费、住房公积金和个人所得税等，按实际代扣金额，借记"__________"账户，贷记"__________"和"__________"账户。

6. 企业发放工资时，扣还代垫款，如职工借款、代垫水电费、房租等，按实际扣还金额，借记"__________"账户，贷记"__________"账户。

7. 企业以自产产品作为非货币性福利分发给职工，应当根据__________，按照__________，确认__________，借记"生产成本""制造费用""管理费用""销售费用""在建工程"等账户，贷记"应付职工薪酬——非货币性福利"账户。

8. 企业以外购商品发放给职工作为福利，购入商品时，应按__________和__________，借记"__________"账户，贷记"银行存款""应收账款"等账户。

二、判断题

1. 企业支付的一切奖金、津贴、福利补助、退休金均组成工资总额，都应通过"应付职工薪酬"账户核算。（　）

2. 企业为职工缴纳的基本养老保险、补充养老保险，以及为职工购买的商业养老保险，均属于企业提供的职工薪酬。（　）

3. 企业当月实发工资额，就是其工资结算汇总表中的"应付工资"项目的数额。（　）

4. 工会经费和职工教育经费不属于职工薪酬的范围,不通过“应付职工薪酬”账户核算。 ( )

5. 企业按规定计算的代收代交职工个人所得税,借记“应付职工薪酬”账户,贷记“应交税费——应交个人所得税”账户。 ( )

6. 职工薪酬中的非货币性福利应根据职工提供服务的受益对象分别计入成本费用。 ( )

三、选择题

1. 下列不属于职工薪酬的是( )。

A. 住房公积金　　B. 工会经费和职工教育经费

C. 退休金　　D. 非货币性福利

2. 下列各项不属于“应付职工薪酬——职工福利”账户核算内容的是( )。

A. 职工报销医药费　　B. 职工生活困难补助费

C. 医务人员的工资　　D. 行政管理人员的工资

3. “应付职工薪酬”账户的贷方余额表示( )。

A. 应付未付的职工薪酬　　B. 本期已支付的职工薪酬

C. 多付的职工薪酬　　D. 本期应付的职工薪酬

4. 企业分配工资费用时,不可能借记的账户是( )。

A. “财务费用”　　B. “管理费用”

C. “销售费用”　　D. “制造费用”

5. 某企业本期支付给职工的计时工资 50 000 元,计件工资 150 000 元,综合奖 70 000 元,技术性津贴 20 000 元,生活困难补助费 8 000 元,退休金 12 000 元。该企业本期的工资总额为( )元。

A. 310 000　　B. 298 000　　C. 20 000　　D. 290 000

6. 下列各项中,不属于职工薪酬的是( )。

A. 短期薪酬　　B. 辞退福利

C. 职工出差报销的差旅费　　D. 其他长期职工福利

7. 企业从应付职工工资中代扣的职工房租,应借记( )账户。

A. “应付职工薪酬”　　B. “管理费用”

C. “其他应收款”　　D. “其他应付款”

8. 下列职工薪酬中,不应当根据职工提供服务的受益对象计入成本费用的是( )。

A. 构成工资总额的各组成部分

B. 因解除与职工的劳动关系而给予的补偿

C. 工会经费和职工教育经费

D. 社会保险费

四、会计核算题

根据以下经济业务，编制相关会计分录。

1. 某公司职工张峰的月基本工资为 1 740 元，2019 年 7 月请事假 4 天(其中 2 天为双休日)，病假 2 天，病假扣款比例 20%；本月休息日加班 2 天(无法安排调休)，法定节假日加班 1 天；本月津贴补贴 1 500 元，奖金 1 200 元，按每月固定 30 天计算其 7 月份应付工资。

2. 某公司职工何洪涛 2019 年 8 月加工甲零件 1 240 件，计件单价为 3.20 元，经验收发现料废 20 件，工废 10 件，其余均为合格品；加工乙零件 160 件，计件单价为 5.20 元，经验收全部合格，计算其 8 月份应付工资。

3. 某生产班组由 4 人组成，共同完成甲产品的生产任务，2019 年 8 月共加工完成甲产品 2 658 件，经验收发现料废 50 件，工废 8 件，其余均为合格品，计件单价为 6.80 元。各职工小时工资和实际工作时间如表 10-1 所示，计算各职工 8 月应付工资。

表 10-1　　集体计件工资分配计算表

班组：甲产品生产班组　　2019 年 8 月　　单位：元

姓名	小时工资	实际工时	分配标准	分配率	个人应分配工资
王丽纯	5.00	200			
李新建	5.60	180			
蔡向萍	5.50	190			
张成新	4.30	220			
合计	—	—			

4. 某公司2019年8月应付工资总额为134 100元，工资结算及代扣代垫款汇总如表10-2、表10-3所示，试根据工资结算及代扣代垫款汇总表进行工资费用的分配及扣还代扣款的账务处理。

表10-2 工资结算汇总表

2019年8月 单位:元

部门或用途		基本工资	工资性津贴补贴	奖金	应付工资	代扣款			实发工资
						保险费	住房公积金	个人所得税	
生产工人	甲产品	76 800	4 100	4 800	85 700	9 460	8 600	300	67 340
	乙产品	15 190	910	600	16 700	1 870	1 700	500	12 630
车间管理		6 110	590	200	6 900	770	700		5 430
行政管理		9 790	650	360	10 800	1 210	1 100		8 490
销售人员		12 940	800	260	14 000	1 540	1 400	100	10 960
合　计		120 830	7 050	6 220	134 100	14 850	13 500	900	104 850

表10-3 代扣代垫款汇总表

2019年8月 单位:元

部门或用途		基本养老保险	基本医疗保险	失业保险	保险费小计	住房公积金	个人所得税	合计
生产工人	甲产品	7 419.61	1 854.9	185.49	9 460	8 600	300	
	乙产品	1 466.67	366.67	36.66	1 870	1 700	500	
车间管理		603.92	150.98	15.1	770	700		
行政管理		949.02	237.25	23.73	1 210	1 100		
销售人员		1 207.84	301.96	30.2	1 540	1 400	100	
合计		11 647.06	2 911.76	291.18	14 850	13 500	900	

5. 某公司2019年8月8日决定将一批自产的A产品以福利形式分发给职工，产品发放汇总如表10-4所示。A产品每件成本为160元，市场价为240元，增值税税率为13%。

表10-4 产品发放汇总表

2019年8月8日 单位:元

部门或用途		单位	分发数量	单价	金额	税率	税额	合计
生产工人	A产品	件	260					
	B产品	件	232					
	C产品	件	268					
车间管理		件	36					
行政管理		件	20					
销售人员		件	128					
合　计		件	944					

五、会计实操题(要求完成未填好的原始凭证,填制记账凭证)

1. 广东家华木业有限公司 2019 年 8 月 16 日,由银行代发上月工资。

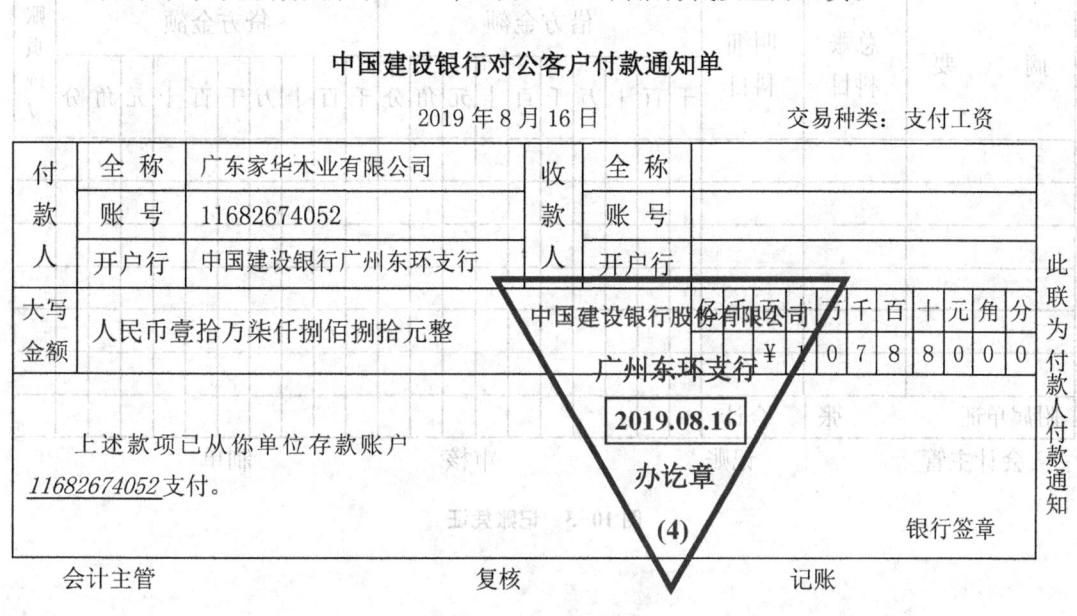

中国建设银行对公客户付款通知单

2019 年 8 月 16 日　　　　交易种类：支付工资

<table>
<tr><td rowspan="3">付款人</td><td>全 称</td><td>广东家华木业有限公司</td><td rowspan="3">收款人</td><td>全 称</td><td colspan="11"></td></tr>
<tr><td>账 号</td><td>11682674052</td><td>账 号</td><td colspan="11"></td></tr>
<tr><td>开户行</td><td>中国建设银行广州东环支行</td><td>开户行</td><td colspan="11"></td></tr>
<tr><td rowspan="2">大写金额</td><td colspan="4" rowspan="2">人民币壹拾万柒仟捌佰捌拾元整</td><td>亿</td><td>千</td><td>百</td><td>十</td><td>万</td><td>千</td><td>百</td><td>十</td><td>元</td><td>角</td><td>分</td></tr>
<tr><td></td><td></td><td>¥</td><td>1</td><td>0</td><td>7</td><td>8</td><td>8</td><td>0</td><td>0</td><td>0</td></tr>
<tr><td colspan="16">上述款项已从你单位存款账户
<u>11682674052</u>支付。

银行签章</td></tr>
</table>

此联为付款人付款通知

中国建设银行股份有限公司
广州东环支行
2019.08.16
办讫章
(4)

会计主管　　　　复核　　　　记账

图 10-1　银行付款通知

工 资 清 单

2019 年 7 月 31 日　　　　单位:元

序号	姓名	账号	基本工资	奖金	津贴补贴	应付工资	代扣款	实发工资
1	陈家华	116826162301	2 080.00	1 500.00	1 200.00	4 780.00	212.00	4 568.00
2	郑景成	116826162302	1 970.00	1 400.00	1 150.00	4 520.00	171.00	4 349.00
3	范永建	116826162303	1 950.00	1 380.00	1 140.00	4 470.00	164.00	4 306.00
…	…	…	…	…	…	…	…	…
…	…	…	…	…	…	…	…	…
合计	—	—	…	…	…	…	…	107 880.00

单位负责人:陈家华　　会计主管:范永建　　会计:杨东梅　　制表:谢丽华

图 10-2　工资清单

记 账 凭 证

年　月　日　　　　　　　　字第　　号

摘　要	总账科目	明细科目	借方金额										贷方金额										账页或√
			千	百	十	万	千	百	十	元	角	分	千	百	十	万	千	百	十	元	角	分	
附属单证　　张		合计																					

会计主管　　　　记账　　　　审核　　　　制单

图 10-3　记账凭证

2. 广东家华木业有限公司 2019 年 8 月 31 日,计算并分配本月工资费用。

工资结算汇总表

2019 年 8 月

单位:元

部门或用途	基本工资	加班工资	津贴补贴	奖金	应付工资	代扣款	实发工资
生产办公桌	22 464.00	5 364.00	8 985.60	10 810.08	47 623.68		
生产沙发	24 192.00	6 480.00	9 676.80	10 938.24	51 287.04		
车间管理人员	12 236.00	759.60	5 506.20	2 072.16	20 573.96		
行政管理人员	10 052.00	918.00	3 877.20	2 183.76	17 030.96		
合计	68 944.00	13 521.60	28 045.80	26 004.24	136 515.64		

会计主管:范永建　　　　复核:杨东梅　　　　制表:谢丽华

图 10-4　工资结算汇总表

记　账　凭　证

年　　月　　日　　　　　　　　　　　　字第　　号

摘　　要	总账科目	明细科目	借方金额										贷方金额										账页或√
			千	百	十	万	千	百	十	元	角	分	千	百	十	万	千	百	十	元	角	分	
附属单证　　　张		合计																					

会计主管　　　　　　记账　　　　　　审核　　　　　　制单

图 10-5　记账凭证

第 11 章　流动负债核算

一、填空题

1. 短期借款利息按月计算并支付的，直接记入“__________”账户，借记“__________”账户，贷记“银行存款”账户。

2. 短期借款利息按月计算，按季支付或到期还本付息的，应采用月末__________方式进行核算，月末__________时，借记“__________”账户，贷记“__________”账户。

3. 应付账款，一般应在与所购买材料、商品等物资所有权相关的主要__________和__________已经转移，或者所接受的劳务已经__________时确认。

4. 对于确实无法支付的应付账款（如因债权人撤销等原因而产生无法支付的应付账款），企业应按其__________予以转销，计入__________，借记“__________”账户，贷记“__________”账户。

5. 企业开出、承兑的带息商业汇票，应于期末计算__________，计入当期__________，借记“__________”等账户，贷记“__________”账户。

6. 月份终了，企业应将“应交增值税”明细账户的余额转入“__________”明细账户，转出后“__________”明细账户应无余额。

7. 企业缴纳印花税不会发生应付未付税款的情况，不需要预计应纳税金额，因此，企业缴纳印花税不需要通过“__________”账户核算。企业购买印花税票所缴纳的印花税直接记入“__________”账户。

8. 企业根据股东大会或类似机构审议批准的利润分配方案，确认应付给投资者的现金股利或利润时，借记“__________”账户，贷记“__________”账户。

二、判断题

1. 短期借款利息在预提或实际支付时均应通过“短期借款”账户核算。（　　）

2. 企业的短期借款利息应在实际支付时计入当期财务费用。（　　）

3. “应付账款”是负债类账户，因此，“应付账款”账户不会出现借方余额。（　　）

4. 在我国会计实务中，无论是带息的应付票据，还是不带息的应付票据，一律按照票据的面值记账。（　　）

5. 一般纳税人企业购进货物支付或负担的增值税，均可列为进项税额，从销项税额中抵扣。（ ）

6. 某工业企业为小规模纳税人，增值税征收率为3%，某月产品销售收入为103万元（含税），则本月该企业应缴纳的增值税额为3万元。（ ）

7. 应付股利是指企业根据董事会或类似机构审议批准的利润分配方案确定分配给投资者的现金股利或利润。（ ）

8. 董事会通过股票股利分配方案时，财会部门应将拟分配的股票股利确认为负债。（ ）

三、选择题

1. 目前，我国会计实务中，带息应付票据的利息应记入（ ）账户。

A. “短期借款” B. “其他应付款” C. “财务费用” D. “应付利息”

2. 如果应付账款由于债权单位撤销或其他原因而使企业无法支付，这笔无法支付的应付款项，应作为企业的（ ）。

A. 冲减财务费用 B. 资本公积 C. 冲减管理费用 D. 营业外收入

3. 某企业采用销售额和销项税额合并制定销售价格的方法，如果销售总价为79 100元，增值税税率为13%，则其不含税的销售额是（ ）元。

A. 60 000 B. 70 000 C. 77 800 D. 79 100

4. 下列不通过“应交税费”账户核算的是（ ）。

A. 增值税 B. 消费税 C. 印花税 D. 资源税

5. 企业计算应交的房产税、城镇土地使用税、车船税等，应借记（ ）账户。

A. “管理费用” B. “营业外支出”

C. “其他业务成本” D. “税金及附加”

6. 我国会计实务中对流动负债一般是按照（ ）计价的。

A. 实际发生额 B. 未来应付金额的现值

C. 估计金额 D. 未来应付金额扣除贴现值

7. 核算短期借款利息时，不会涉及（ ）账户。

A. “应付利息” B. “财务费用” C. “银行存款” D. “短期借款”

8. 某公司2019年7月1日向银行借入资金60万元，期限6个月，年利率6%，到期还本，按月计提利息，按季付息。该企业7月31日应计提的利息为（ ）万元。

A. 0.3 B. 0.6 C. 0.9 D. 3.6

9. 某一般纳税人采用托收承付结算方式从其他企业购入原材料一批，货款为200 000元，增值税额为26 000元，对方代垫运杂费6 000元，该原材料已经验收入库。该购买业务所发生的应付账款的入账价值为（ ）元。

A. 232 000 B. 226 000 C. 206 000 D. 200 000

10. 某企业于2019年7月2日从甲公司购入一批产品并验收入库。增值税专用发票上注明该批产品的价款为150万元,增值税额为19.5万元。合同中规定的现金折扣条件为(2/10,1/20,n/30),假定计算现金折扣时不考虑增值税。该企业在2019年7月11日付清货款。企业购买产品时,该应付账款的入账价值为(　　)万元。

A. 150　　B. 168　　C. 166.5　　D. 169.5

11. 某公司2019年11月1日开具一张商业承兑汇票,该商业承兑汇票的面值为50 000元,年利率6%,期限为6个月。2019年12月31日该公司"应付票据"的账面价值应为(　　)元。

A. 50 000　　B. 50 500　　C. 51 500　　D. 51 000

12. 对于签发并承兑的商业承兑汇票到期无法偿付的票据款,企业应当进行的处理是(　　)。

A. 转作应付账款　　B. 转作短期借款

C. 不进行账务处理　　D. 转作其他应付款

13. 某增值税一般纳税人2019年7月初"应交税费——应交增值税"账户无余额,7月份销项税额30 000元、进项税额40 000元;8月份销项税额50 000元、进项税额20 000元,则7月份、8月份的应交增值税分别为(　　)。

A. 0、20 000元　　B. 10 000元、20 000元

C. 0、30 000元　　D. －10 000元、20 000元

14. 甲公司为增值税一般纳税人,2019年应交各种税金为:增值税额500万元,城市维护建设税35万元,房产税8万元,车船税6万元,印花税10万元。上述各项税金应计入税金及附加的金额为(　　)万元。

A. 35　　B. 49　　C. 59　　D. 559

15. 下列各项中,应通过"其他应付款"账户核算的是(　　)。

A. 应付现金股利　　B. 应交教育费附加

C. 应付租入包装物租金　　D. 应付管理人员工资

四、会计核算题

根据以下经济业务,编制相关会计分录。

1. 某企业于2019年8月1日向中国建设银行贷得短期借款200 000元,用于购进原材料。借款期限为3个月,年利率为6%,款项已收存银行,按月预提利息,到期还本付息。

2. 某企业2019年8月1日购入一批原材料,价款为100 000元,增值税额13 000元,当日开出一张为期3个月、面值为113 000元的银行承兑汇票给对方,银行承兑汇票的手续费按面值的0.5%收取。11月1日汇票到期,企业以支票支付。

3. 某企业 2019 年 8 月 2 日向江海公司购入商品一批 1 000 件，价目表的单价为每件 200 元，增值税税率为 13%，当日收到所购商品并验收入库。江海公司同意给予企业现金折扣，折扣条件为(2/10，1/20，n/30)，现金折扣不考虑增值税。8 月 16 日，该企业支付所购商品货款。

4. 某企业 2019 年 8 月 15 日收购免税农产品一批，价款为 200 000 元，款项以转账支票支付。收购农产品已验收入库。该企业按实际成本法进行材料日常核算。

5. 某企业 2019 年 8 月份对外提供运输服务，取得收入 200 000 元，增值税税率为 9%，并已用银行存款缴纳了当月增值税。

6. 某企业 2019 年 6 月 30 日按协议规定应付给新力公司投资利润 50 000 元，7 月 5 日开出转账支票支付给新力公司应付利润。

7. 某企业 2019 年 7 月 1 日起，以经营租赁方式租入生产车间用设备一台，每月租金为 2 000 元(不含税)，增值税税率为 13%，按季支付。9 月 30 日，企业以银行存款支付应付租金。

8. 某企业 2019 年 8 月销售产品应交增值税 59 268 元，应交消费税 2 322 元，城市维护建设税税率为 7%，教育费附加征收率为 3%，计算并结转本月应交城市维护建设税和教育费附加。

9. 某公司 2019 年 8 月 1 日从 D 公司购入原材料一批，收到增值税专用发票一张，发票注明价款 80 000 元，增值税税率 13%，材料已验收入库，价税款尚未支付，双方商定按不含税价款计算现金折扣，现金折扣条件为(5/10，3/20，n/30)。公司原材料按实际成本计价核算。8 月 18 日，以银行存款支付向 D 公司购入材料的价税款。

10. 某公司 2019 年 8 月 30 日购入不需要安装设备一台，增值税专用发票注明价款 100 000元，增值税税率 13%，运输增值税专用发票注明运费 3 000 元，增值税额为 270 元，款项已用银行存款支付。

五、会计实操题(要求完成未填好的原始凭证，填制记账凭证)

1. 广东家华木业有限公司 2019 年 8 月 14 日，向广州永安包装材料公司购买 A、B 型包装箱一批，收到增值税专用发票，包装箱已验收入库，货款尚未支付。

广东增值税专用发票

4401651282　　　　（全国统一发票监制章 广东 国家税务总局监制）发票联　　　　№ 521363031

开票日期：2019 年 08 月 14 日

购货单位	名　　称：广东家华木业有限公司 纳税人识别号：440103256268024 地址 、 电话：番禺区东环路 120 号 56327581 开户行及账号：建行东环支行 11682674052				密码区	（略）	
货物或应税劳务、服务名称	规格型号	单位	数　量	单　价	金　额	税率	税　额
A 型包装箱		个	300	2.00	600.00	13%	78.00
B 型包装箱		个	300	4.00	1 200.00	13%	156.00
合　　计					¥1 800.00		¥234.00
价税合计（大写）	⊗贰仟零叁拾肆圆整				（小写）¥2 034.00		
销货单位	名　　称：广州永安包装材料公司 纳税人识别号：440102498268020 地址 、 电话：番禺区东环路 12 号 56682584 开户行及账号：建行东环支行 11682543357				备注	广州永安包装材料公司 440102498268020 发票专用章	

第三联：发票联　购买方记账凭证

收款人：欧阳彬　　复核：林丽珊　　开票人：陈晓虹　　销货单位：（章）

图 11-1　增值税专用发票

包装物入库单

2019 年 8 月 14 日　　　　收字第 02301 号

包装物名称	规格型号	单位	应收数量	实收数量	金额(元)
A 型包装箱		个	300	300	600.00
B 型包装箱		个	300	300	1 200.00

仓库主管:陈德明　　　　验收:李怡华　　　　收料:朱永材

图 11-2　包装物入库单

记 账 凭 证

年　　月　　日　　　　　　　　　　　　　字第　　号

摘　要	总账科目	明细科目	借方金额										贷方金额										账页或√
			千	百	十	万	千	百	十	元	角	分	千	百	十	万	千	百	十	元	角	分	
附属单证	张	合计																					

会计主管　　　　记账　　　　审核　　　　制单

图 11-3　记账凭证

2. 广东家华木业有限公司 2019 年 8 月 16 日，向广东利源木材工业公司购买材料一批，材料已验收入库，收到增值税专用发票，款项以银行承兑汇票支付。

广 东 增 值 税 专 用 发 票

4408241741　　　　（印章：全国统一发票监制章 广东 国家税务总局监制）　　　　№ 421061302

开票日期：2019 年 08 月 16 日

购货单位	名　　称：广东家华木业有限公司 纳税人识别号：440103256268024 地址、电话：番禺区东环路 120 号 56327581 开户行及账号：建行东环支行 11682674052	密码区	（略）

货物或应税劳务、服务名称	规格型号	单位	数　量	单　价	金　额	税率	税　额
木条		根	1 600	18.00	28 800.00	13%	3 744.00
木板		块	700	68.00	47 600.00	13%	6 188.00
合　计					¥76 400.00		¥9 932.00
价税合计（大写）	⊗捌万陆仟叁佰叁拾贰圆整				（小写）86 332.00		

销货单位	名　　称：广东利源木材工业公司 纳税人识别号：440806835268026 地址、电话：梅州市梅江路 6 号 8835542 开户行及账号：中行梅江支行 18722683058	备注	（印章：广东利源木材工业公司 440806835268026 发票专用章）

收款人：张泽林　　复核：李立华　　开票人：陈红娜　　销货单位：（章）

第三联：发票联　购买方记账凭证

图 11-4　增值税专用发票

收料单

2019 年 8 月 16 日　　　　收字第 01604 号

材料名称	规格型号	单位	应收数量	实收数量	金额(元)
木条		根	1 600	1 600	28 800.00
木板		块	700	700	47 600.00

仓库主管:陈德明　　　　验收:李怡华　　　　收料:朱永材

图 11-5　收料单

银行承兑汇票　　4

出票日期（大写）：贰零壹玖年捌月壹拾陆日　　　　汇票号码：0135836

出票人全称	广东家华木业有限公司	收款人	全　称	广东利源木材工业公司
出票人账号	11682674052		账　号	18722683058
付款行全称	建行东环支行		开户银行	中行梅江支行　行号　15056
出票金额	人民币（大写）	捌万陆仟叁佰叁拾贰元整		
汇票到期日（大写）	贰零壹玖年壹拾壹月壹拾陆日	付款行	行号	01692
承兑协议编号	0040119430		地址	番禺区东环路 100 号

亿	千	百	十	万	千	百	十	元	角	元
			¥	8	6	3	3	2	0	0

本汇票请你行承兑，此项汇票款我单位承兑协议于到期日前足额交存银行，到期请予以支付。

陈家华　　广东家华木业有限公司财务专用章　　出票人签章

本汇票已承兑，到期由本行承付。

承兑行签章

承兑日期：2019.08.16

备注：

中国建设银行银行承兑汇票专用章　复核　记账　440106868269673

此联作为签发单位记账凭证附件

图 11-6　银行承兑汇票存根

记　账　凭　证

年　月　日　　　　字第　号

摘　要	总账科目	明细科目	借方金额										贷方金额										账页或√
			千	百	十	万	千	百	十	元	角	分	千	百	十	万	千	百	十	元	角	分	
附属单证	张	合计																					

会计主管　　　　记账　　　　审核　　　　制单

图 11-7　记账凭证

3. 广东家华木业有限公司 2019 年 8 月 16 日，支付上月电费。

中国建设银行对公客户付款通知单

账别：人民币　　　　2019 年 8 月 16 日　　　　交易种类：支付电费

付款人	全　称	广东家华木业有限公司	收款人	全　称	广东电网广州供电公司
	账　号	11682674052		账　号	11263674849
	开户行	建行东环支行		开户行	工行民权支行
大写金额	（人民币）贰仟壹佰捌拾肆元玖角捌分				¥2 184.98
上述款项已从你单位存款账户 11682674052 支付。			中国建设银行股份有限公司 广州东环支行 2019.08.16 办讫章 (2)　（银行盖章）		

此联为付款人付款通知

会计主管：　　　　复核：　　　　记账：

图 11-8　付款通知单

广东增值税专用发票

4401241743　　　　发票联　　　　№ 421341301

开票日期：2019 年 08 月 15 日

购货单位	名　称：广东家华木业有限公司 纳税人识别号：440103256268024 地址、电话：番禺区东环路 120 号 56327581 开户行及账号：广州市建行东环支行 11682674052				密码区	（略）		
货物或应税劳务、服务名称	规格型号	单位	数　量	单　价	金　额	税率	税　额	
供电		度	2 486	0.777 8	1 933.61	13%	251.37	
合　计					¥1 933.61	13%	¥251.37	
价税合计（大写）	⊗贰仟壹佰捌拾肆圆玖角捌分				（小写）¥2 184.98			
销货单位	名　称：广东电网广州供电公司 纳税人识别号：440106734916755 地址、电话：广州市民权路 142 号 88683127 开户行及账号：工行民权支行 11263674849				备注	广东电网广州供电公司 440106734916755 发票专用章		

第三联：发票联　购买方记账凭证

收款人：　　　复核：梁智华　　　开票人：何瑞明　　　销货单位：（章）

图 11-9　电费发票

记 账 凭 证

年　月　日　　　　字第　　号

摘要	总账科目	明细科目	借方金额										贷方金额										账页或√
			千	百	十	万	千	百	十	元	角	分	千	百	十	万	千	百	十	元	角	分	
附属单证　张		合计																					

会计主管　　　　记账　　　　审核　　　　制单

图 11-10　记账凭证

4. 广东家华木业有限公司 2019 年 8 月 20 日,支付上月水费。

中国建设银行对公客户付款通知单

账别：人民币　　　　2019 年 8 月 20 日　　　　交易种类：支付水费

付款人	全　称	广东家华木业有限公司	收款人	全　称	广州市自来水总公司
	账　号	11682674052		账　号	11224574848
	开户行	建行东环支行		开户行	建行中山支行
大写金额	（人民币）玖佰肆拾叁元柒角叁分				¥943.73
上述款项已从你单位存款账户 11682674052 支付。			中国建设银行股份有限公司 广州东环支行 2019.08.20 办讫章 (2)　（银行盖章）		

此联为付款人付款通知

会计主管：　　　　复核：　　　　记账：

图 11-11　付款通知单

广东增值税专用发票

4401269742　　　　全国统一发票监制章 广东 国家税务总局监制　　　　№ 413561301

发票联

开票日期：2019 年 08 月 20 日

购货单位	名　　称：广东家华木业有限公司 纳税人识别号：440103256268024 地址 、 电话：番禺区东环路 120 号 56327581 开户行及账号：广州市建行东环支行 11682674052	密码区	（略）

货物或应税劳务、服务名称	规格型号	单位	数　量	单　价	金　额	税率	税　额
供水		吨	526	1.646	865.81	9%	77.92
合　计					¥865.81	9%	¥77.92

价税合计（大写）	⊗玖佰肆拾叁圆柒角叁分	（小写）¥943.73

销货单位	名　　称：广州市自来水总公司 纳税人识别号：440103190426853 地址 、 电话：广州中山一路 162 号 88696627 开户行及账号：建行中山支行 11224574848	备注	广州市自来水总公司 440103190426853 发票专用章

收款人：　　　　复核：伍娟　　开票人：李南妹　　销货单位：（章）

第三联：发票联　购买方记账凭证

图 11-12　水费发票

记　账　凭　证

年　月　日　　　　字第　号

摘　要	总账科目	明细科目	借方金额										贷方金额										账页或√
			千	百	十	万	千	百	十	元	角	分	千	百	十	万	千	百	十	元	角	分	
附属单证　张		合计																					

会计主管　　　　记账　　　　审核　　　　制单

图 11-13　记账凭证

第12章　非流动负债核算

一、填空题

1. 长期借款一般用于企业________、________、________、对外投资以及保持长期经营能力等方面。

2. “长期借款”账户应按________和________设置明细分类账，进行明细分类核算。

3. 到期一次还本付息的长期借款的应付未付利息通过“________”账户核算；分期付息到期还本的长期借款的应付未付利息通过“________”账户核算。

4. 企业发行1年期以上的债券，构成企业的________，设置“________”账户进行核算；企业发行1年期或1年以下的债券，应作为企业的________，设置“________”账户进行核算。

5. 根据发行价格的不同，债券的发行方式分为________、________和________三种。

6. 到期一次还本付息债券的应付未付利息通过“________”账户核算；分期付息到期还本债券的应付未付利息通过“________”账户核算。

二、判断题

1. 如果长期借款是用于正常经营所需流动资金的，应将其发生的利息支出计入当期损益。（　　）

2. 举借长期借款发生的利息及手续费都要全部资本化。（　　）

3. 企业筹建期间发生的长期借款利息，计入管理费用。（　　）

4. 企业为购建固定资产而取得专门借款所发生的非流动负债费用(借款费用)，予以资本化，列入固定资产购建成本。（　　）

5. 溢价和折价是发行债券企业在债券存续期内对利息费用的一种调整。（　　）

6. 企业筹建期间发生的借款利息应全部作为开办费处理，并在规定的期限内平均摊销。（　　）

7. 递延收益是指企业未来将收到，应在当前会计期间计入损益的政府补助。（　　）

8. 企业收到或应收用于补偿已发生的相关费用或亏损的政府补助，直接计入营业外收入。（　）

三、选择题

1. 属于专项用于无形资产研究开发的长期借款发生的符合资本化条件的借款利息，应计入（　）。

A. 管理费用　　B. 研发支出　　C. 财务费用　　D. 无形资产

2. 计提到期一次还本付息的长期借款的应付未付利息，应记入（　）账户。

A. "应付账款"　　B. "应付利息"

C. "长期借款"　　D. "其他应付款"

3. 溢价发行债券，是基于债券的票面利率（　）市场利率。

A. 低于　　B. 高于

C. 等于　　D. 与票面利率无关

4. 分期计提债券利息和债券溢价的摊销时，应按（　）借记"财务费用"或"在建工程"等账户。

A. 应计利息　　B. 溢价摊销额

C. 应计利息与溢价摊销额的差额　　D. 应计利息与溢价摊销额之和

5. 融资租入固定资产时，"长期应付款"账户的入账价值是（　）。

A. 最低租赁付款额

B. 最低租赁付款额的现值

C. 租赁资产的公允价值

D. 租赁资产的公允价值和最低租赁付款额的现值两者较低者

6. 下列对长期借款利息费用的会计处理，错误的是（　）。

A. 筹建期间的借款利息计入管理费用

B. 筹建期间的借款利息计入长期待摊费用

C. 日常生产经营活动中的借款利息计入财务费用

D. 符合资本化条件的借款利息计入相关资产成本

7. "长期借款"账户用来核算（　）。

A. 长期借款的本金和利息的增减情况

B. 长期借款本金的借入与归还情况以及利息调整情况

C. 既不核算本金也不核算利息

D. 长期借款利息的计算与结算情况

8. 应付债券折价发行的原因是（　）。

A. 票面利率高于市场利率

B. 票面利率低于市场利率

C. 票面利率低于市场利率或发行公司的财务状况不好

D. 票面利率高于市场利率或发行公司的财务状况不好

9. 企业发行债券是为了建造一幢厂房,那么在厂房竣工决算(达到预定可使用状态)以前,债券的利息费用应当记入(　　)账户。

A.“管理费用”　　　　B.“财务费用”

C.“在建工程”　　　　D.“固定资产”

四、会计核算题

根据以下经济业务,编制相关会计分录。

1. 某公司为改造生产车间2018年5月15日向建设银行借入一笔基建借款,金额为300 000元,期限为3年,年利率为7.8%,借款协议约定,该笔借款单利计息、到期一次还本付息。该生产车间于2019年1月15日改造完工并达到预定可使用状态。

2. 某公司2018年8月26日向建设银行借入一笔生产周转借款,金额为60 000元,期限为2年,年利率为5.8%,所借款项当日划存银行。借款协议约定,该笔借款单利计息、每半年付息一次、到期还本。

3. 某公司为补充生产经营资金,2018年1月1日发行债券500 000元,按面值发行,债券发行款已收存银行,该债券的期限为3年,票面年利率为7.2%,每年付息一次、到期还本。

4. 某公司为新建厂房,2018年1月1日发行3年期债券一批,债券面值6 000 000元,票面年利率为7.8%,溢价发行,实收债券款6 600 000元,每年付息一次、到期还本,工程建设期为1年。

5. 某公司为购建需要安装生产设备,2018年1月1日发行债券80 000份,每份面值100元,每份发行价格105元,债券发行款已收存银行,该债券的期限为5年,票面年利率为8%,到期还本付息。2019年1月1日该生产设备安装完成并达到预定可使用状态。

五、会计实操题(要求完成未填好的原始凭证,填制记账凭证)

1. 广东家华木业有限公司 2019 年 8 月 16 日,向银行借入为期 2 年的借款,款项已划入公司存款户。

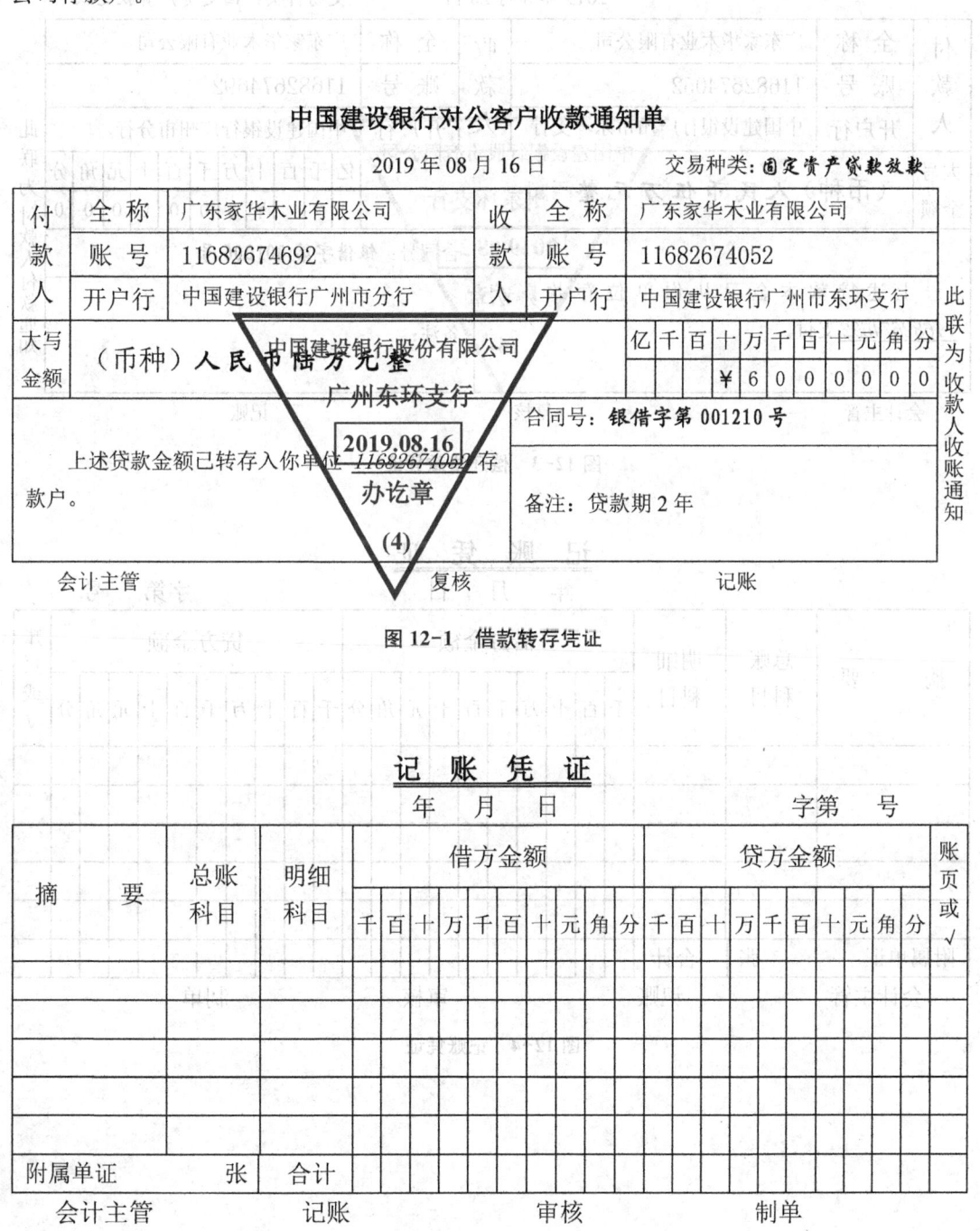

中国建设银行对公客户收款通知单

2019 年 08 月 16 日　　　　交易种类:固定资产贷款放款

付款人	全　称	广东家华木业有限公司	收款人	全　称	广东家华木业有限公司	
	账　号	11682674692		账　号	11682674052	
	开户行	中国建设银行广州市分行		开户行	中国建设银行广州市东环支行	
大写金额	(币种)人民币陆万元整				亿千百十万千百十元角分：¥ 6 0 0 0 0 0 0	
上述贷款金额已转存入你单位 11682674052 存款户。			合同号:银借字第 001210 号 备注:贷款期 2 年			

中国建设银行股份有限公司 广州东环支行 2019.08.16 办讫章 (4)

会计主管　　　　　　复核　　　　　　记账

此联为收款人收账通知

图 12-1　借款转存凭证

记 账 凭 证

年　月　日　　　　　　字第　　号

摘　要	总账科目	明细科目	借方金额 千	百	十	万	千	百	十	元	角	分	贷方金额 千	百	十	万	千	百	十	元	角	分	账页或√
附属单证　张	合计																						

会计主管　　　　记账　　　　审核　　　　制单

图 12-2　记账凭证

2. 广东家华木业有限公司 2019 年 8 月 28 日,偿还长期借款。

中国建设银行对公客户付款通知单

2019 年 8 月 28 日　　交易种类：固定资产贷款还款

付款人	全 称	广东家华木业有限公司	收款人	全 称	广东家华木业有限公司
	账 号	11682674052		账 号	11682674692
	开户行	中国建设银行广州市东环支行		开户行	中国建设银行广州市分行
大写金额	（币种）人民币伍万元整			亿千百十万千百十元角分	¥5000000
上述贷款本金已从你单位存款账户 11682674692 支付。				合同号：银借字第 001006 号 备注：	

此联为付款人付款通知

中国建设银行股份有限公司
广州东环支行
2019.08.28
办讫章
(4)

会计主管　　复核　　记账

图 12-3　偿还贷款凭证

记　账　凭　证

年　月　日　　字第　号

摘　　要	总账科目	明细科目	借方金额										贷方金额										账页或√
			千	百	十	万	千	百	十	元	角	分	千	百	十	万	千	百	十	元	角	分	
附属单证　　张		合计																					

会计主管　　记账　　审核　　制单

图 12-4　记账凭证

第 13 章　所有者权益核算

一、填空题

1. 实收资本的构成比例或股东的股份比例，是确定所有者在企业__________中份额的基础，也是企业进行__________的主要依据。

2. 我国《公司法》规定，投资者可以用__________出资，也可以用实物、知识产权、土地使用权等可以用货币估计其价值并可以依法转让的__________作价出资，但法律、法规规定不得作为出资的财产除外。

3. 一般情况下，企业的实收资本应相对固定不变，但在某些特定情况下，实收资本也可能发生增减变动。企业增加资本一般有三条途径：__________、__________和__________。

4. 企业实收资金比原登记注册资金数额增减超过__________时，应持__________或__________，向原登记机关申请变更登记。

5. 资本公积包括__________（或__________）和直接计入__________的利得和损失等。

6. 资本公积的核算包括__________（或__________）的核算、__________核算和__________核算等内容。

二、判断题

1. 由于所有者权益和负债都是对企业资产的要求权，因此它们的性质是一样的。（　）

2. 接受投入的非现金资产，应按原资产账面价值作为实收资本入账。（　）

3. 对于一个企业来说，投资者投入的资金并不一定全部构成实收资本。（　）

4. 投资者向企业投入的资本在一般情况下不需偿还，并可长期周转使用。（　）

5. 企业接受非现金资产投资时，应将非现金资产按投资各方确认的价值入账，对于投资各方确认的资产价值超过其在注册资本中所占份额的部分，计入资本公积。（　）

6. 资本公积反映的是企业收到投资者出资额超出其在注册资本或股本中所占份额的部分及直接计入当期损益的利得和损失。（　）

三、选择题

1. 所有者权益是企业投资者对企业(　　)的所有权。

A. 全部资产　　B. 剩余权益

C. 净利润　　D. 各种长期资产

2. 企业实收资本比原登记注册资金数额增减超过(　　)时,应持资金使用证明或验资证明,向原登记机关申请变更登记。

A. 10%　　B. 25%　　C. 20%　　D. 50%

3. 企业接受投资者投入的固定资产,应按照(　　)计价。

A. 原账面价值　　B. 重置价值

C. 现行市价　　D. 合同或协议约定价

4. 企业接受(　　)投资,按国家规定是有比例限制的。

A. 银行存款　　B. 存货　　C. 固定资产　　D. 无形资产

5. 有限责任公司在增资扩股时,投资者缴纳的出资额大于其在注册资本中所占份额的部分,应记入(　　)账户。

A. "实收资本"　　B. "股本"

C. "资本公积"　　D. "盈余公积"

6. 下列关于实收资本的表述中不正确的是(　　)。

A. 实收资本是企业按章程或合同、协议,接受投资者投入企业的资本

B. 股东可以用货币出资,也可以用实物、知识产权、土地使用权等可以用货币估价并可以依法转让的非货币财产出资

C. 实收资本是指公司向公司登记机关登记的出资额

D. 实收资本的构成比例是企业利润或股利分配的主要依据

四、会计核算题

根据以下经济业务,编制相关会计分录。

1. 某公司 2019 年 7 月 18 日增资扩股,接受合信投资公司的现金投资,投资额为 200 000 元,款项已收存银行,享有该公司增资扩股后注册资本 1 200 000 元的 10%的份额。

2. 某公司 2019 年 8 月 1 日设立时,收到福科公司作为资本投入的不需安装设备一台,增值税专用发票注明价款为 500 000 元,增值税额 65 000 元。设备已验收并投入使用,已办妥验资手续,与其在注册资本中享有的份额相等。

3. 某公司 2019 年 8 月 12 日增资扩股时，接受华荣公司作为资本投入的原材料一批，增值税专用发票注明价款为 150 000 元，增值税额为 19 500 元。原材料已验收入库，已办妥验资手续，与其在注册资本中享有的份额相等。

4. 某公司 2019 年 12 月 31 日因扩大经营规模需要，经股东大会决议批准，决定以资本公积 600 000 元转增资本，已办妥增资手续。

5. 某公司增资时收到新投资者 A 公司投入 400 000 元现金资产，经确认，资本额占本公司注册资本 1 500 000 元的 20%，投资款项已存入银行。

五、会计实操题(要求完成未填好的原始凭证，填制记账凭证)

1. 广东家华木业有限公司 2019 年 7 月 2 日收到深圳益林投资有限公司作为资本金投入的现金投资额 460 000 元，款项已收存银行。

投 资 协 议 书

投出单位：深圳益林投资有限公司

投入单位：广东家华木业有限公司

深圳益林投资有限公司以 460 000 元货币资金投入广东家华木业有限公司，占家华公司增资扩股后的注册资本 1 500 000元中 20%的份额。

深圳益林投资有限公司　　　　广东家华木业有限公司

2019 年 7 月　　　　2019 年 7 月 2 日

（印章：深圳益林投资有限公司 440204268268786）　（印章：广东家华木业有限公司 440103256268024）

图 13-1　投资协议书

中国建设银行进账单（回 单） 1

2019 年 07 月 02 日

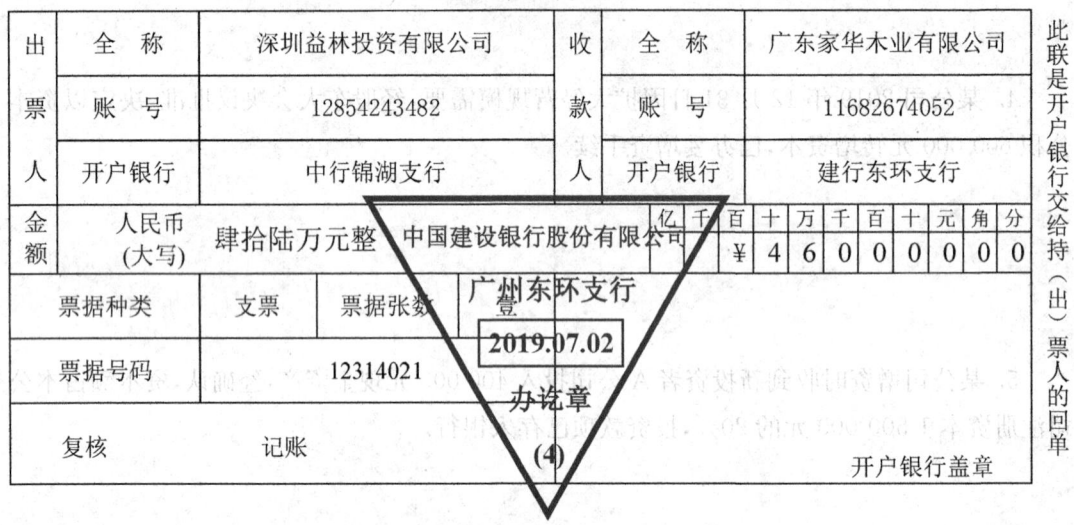

出票人	全称	深圳益林投资有限公司	收款人	全称	广东家华木业有限公司
	账号	12854243482		账号	11682674052
	开户银行	中行锦湖支行		开户银行	建行东环支行
金额	人民币（大写）	肆拾陆万元整		亿 千 百 十 万 千 百 十 元 角 分	¥ 4 6 0 0 0 0 0 0
票据种类	支票	票据张数	壹		
票据号码	12314021				
复核	记账				开户银行盖章

此联是开户银行交给持（出）票人的回单

中国建设银行股份有限公司 广州东环支行 2019.07.02 办讫章 (4)

图 13-2 银行进账单

记 账 凭 证

年 月 日 字第 号

摘要	总账科目	明细科目	借方金额										贷方金额										账页或√
			千	百	十	万	千	百	十	元	角	分	千	百	十	万	千	百	十	元	角	分	
附属单证 张		合计																					

会计主管　　记账　　审核　　制单

图 13-3 记账凭证

2. 广东家华木业有限公司 2019 年 7 月 6 日收到广东滨江建材有限公司作为资本金投入的材料一批，滨江公司开出增值税专用发票，发票注明价款 259 000 元，增值税额 33 670 元，材料已验收入库。

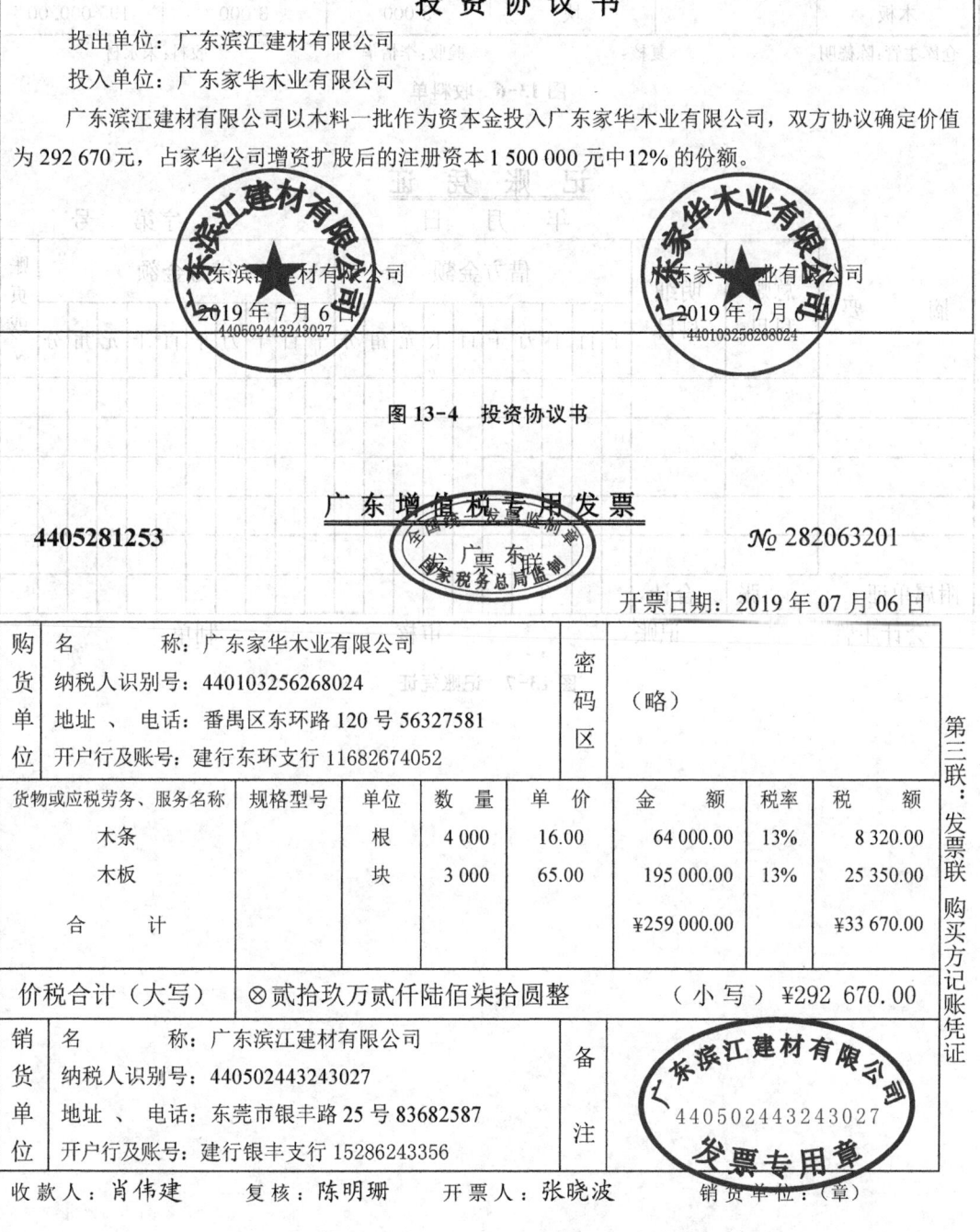

投资协议书

投出单位：广东滨江建材有限公司

投入单位：广东家华木业有限公司

广东滨江建材有限公司以木料一批作为资本金投入广东家华木业有限公司，双方协议确定价值为 292 670元，占家华公司增资扩股后的注册资本 1 500 000 元中12% 的份额。

广东滨江建材有限公司　　　　广东家华木业有限公司

2019 年 7 月 6 日　　　　2019 年 7 月 6 日

（印章：广东滨江建材有限公司 440502443243027）（印章：广东家华木业有限公司 440103256268024）

图 13-4　投资协议书

广东增值税专用发票

4405281253　　　　（全国统一发票监制章 广东 国家税务总局监制）　　　　№ 282063201

开票日期：2019 年 07 月 06 日

购货单位	名　　称：广东家华木业有限公司 纳税人识别号：440103256268024 地址 、 电话：番禺区东环路 120 号 56327581 开户行及账号：建行东环支行 11682674052	密码区	（略）

货物或应税劳务、服务名称	规格型号	单位	数　量	单　价	金　　额	税率	税　　额
木条		根	4 000	16.00	64 000.00	13%	8 320.00
木板		块	3 000	65.00	195 000.00	13%	25 350.00
合　　计					¥259 000.00		¥33 670.00
价税合计（大写）	⊗贰拾玖万贰仟陆佰柒拾圆整　　（小写）¥292 670.00						

销货单位	名　　称：广东滨江建材有限公司 纳税人识别号：440502443243027 地址 、 电话：东莞市银丰路 25 号 83682587 开户行及账号：建行银丰支行 15286243356	备注	（印章：广东滨江建材有限公司 440502443243027 发票专用章）

第三联：发票联 购买方记账凭证

收款人：肖伟建　　复核：陈明珊　　开票人：张晓波　　销货单位：（章）

图 13-5　增值税专用发票

收 料 单

2019 年 7 月 6 日　　　　收字第 00201 号

材料名称	规格型号	单位	应收数量	实收数量	金额(元)
木条		根	4 000	4 000	64 000.00
木板		块	3 000	3 000	195 000.00

仓库主管:陈德明　　　　复核:　　　　验收:李怡华　　　　收料:朱永材

图 13-6　收料单

记 账 凭 证

年　月　日　　　　字第　　号

摘　要	总账科目	明细科目	借方金额										贷方金额										账页或√
			千	百	十	万	千	百	十	元	角	分	千	百	十	万	千	百	十	元	角	分	
附属单证　张		合计																					

会计主管　　　　记账　　　　审核　　　　制单

图 13-7　记账凭证

第 14 章　费用、收入与利润核算

一、填空题

1. 费用按经济用途，可分为构成________的费用和________。

2. 费用按经济内容，可分为________、________、________、工资及福利费等费用要素。

3. 企业应当按照________核算成本和费用。采用定额成本、计划成本方法核算的，应当合理计算分摊成本差异，月终计算确定________，编制会计报表时采用________。

4. 收入按经营业务主次分类，可分为________和________。

5. 收入按经营业务的性质分类，可分为________、________和________。

6. 不符合收入确认条件的商品销售，不能确认商品销售收入，但销售该商品的纳税义务已经发生，如已开出增值税专用发票，应确认应交的________，已经发出但尚未确认销售收入的商品成本，记入“________”账户。

7. 利润由________、________、________等组成。

8. 企业当年可供分配的利润包括企业当年实现的________、________和其他转入(如用盈余公积补亏)等。

9. 企业提取的盈余公积可用于________、________或________等。

10. 年度终了，企业应将除“未分配利润”外的“利润分配”账户所属其他明细账户余额，转入“________”明细账户。结转后，除“________”外的其他明细账户应无余额。

二、判断题

1. 以托收承付或委托收款方式销售商品，应在办妥托收手续时确认收入。（　）

2. 制造费用和管理费用都是本期发生的生产费用，因此，均应计入当期损益。（　）

3. 企业为组织生产经营活动而发生的一切管理活动的费用，包括车间管理费用和企业管理费用，都应作为期间费用处理。（　）

4. 企业确认收入后发生销售退回，如果是以前年度销售的，应冲减以前年度的销售收入。（　）

5. 企业在确认商品销售收入后发生的销售折让,应在实际发生时计入财务费用。

( )

6. 年度终了,除“未分配利润”明细账户外,“利润分配”账户下的其他明细账户应当无余额。 ( )

7. 对外销售的自制半成品属于企业在产品的一种。 ( )

8. 销售费用是与企业销售商品活动有关的费用,包括销售商品本身的成本。 ( )

9. 企业生产车间和行政管理部门发生的固定资产修理费用均计入管理费用。 ( )

10. 企业向银行或其他金融机构借入的各种款项所发生的利息均应计入财务费用。

( )

三、选择题

1. 盈余公积是企业从( )中提取的公积金。

A. 营业利润 B. 本年利润 C. 税后利润 D. 销售利润

2. 企业以盈余公积转增资本时,转增资本后留存的盈余公积不得少于注册资本的( )。

A. 20% B. 15% C. 25% D. 50%

3. 下列项目中,属于营业外收入的是( )。

A. 转让技术收入 B. 出租包装物收入

C. 提供劳务收入 D. 代销产品收入

4. 目前,我国公司制企业的法定盈余公积是按照净利润的( )提取。

A. 5% B. 10% C. 15% D. 20%

5. “利润分配——未分配利润”明细账户的借方余额,表示( )。

A. 未分配利润 B. 未弥补亏损

C. 结存的公益金 D. 结存的盈余公积

6. 下列项目中,属于其他业务收入的是( )。

A. 罚款收入 B. 出售无形资产收入

C. 材料销售收入 D. 出售固定资产收入

7. 企业为了提高市场占有率而发生的业务招待费,应记入( )账户。

A. “管理费用” B. “销售费用”

C. “营业外支出” D. “其他业务成本”

8. 按企业会计准则规定,企业发生的销售折让应( )。

A. 直接冲减主营业务收入 B. 计入财务费用

C. 增加主营业务收入 D. 不作账务处理

9. 某企业于2018年11月份售出的商品,2019年2月份发生退货,应冲减( )的销售收入。

A. 2018 年 11 月份　　B. 2018 年 12 月份

C. 2019 年 1 月份　　D. 2019 年 2 月份

10. 下列各项中，经批准计入营业外支出的是(　　)。

A. 计算差错造成的存货盘亏　　B. 管理不善造成的存货盘亏

C. 固定资产盘亏　　D. 出售原材料结转的成本

11. 某企业 2019 年 11 月销售商品发生商业折扣 20 万元、现金折扣 15 万元、销售折让 25 万元。该企业上述业务计入当月财务费用的金额为(　　)万元。

A. 15　　B. 20　　C. 35　　D. 45

12. 某企业 2019 年 12 月份发生的费用有：计提车间用固定资产折旧 10 万元，发生车间管理人员工资 40 万元，支付广告费用 30 万元，预提短期借款利息 20 万元，支付矿产资源税 10 万元。则该企业当期的期间费用总额为(　　)万元。

A. 60　　B. 50　　C. 100　　D. 110

13. 计算应交所得税时，属于纳税调整减少额的是(　　)。

A. 超过税法规定标准的工资支出

B. 超过税法规定标准的业务招待费支出

C. 税收滞纳金

D. 国债利息收入

14. 某企业账面会计利润为 350 000 元，税收滞纳金 3 000 元，业务招待费超支 2 450 元，国债利息收入 6 000 元，其应纳税所得额为(　　)元。

A. 361 450　　B. 338 550　　C. 350 550　　D. 349 450

15. 某企业 2019 年年初未分配利润贷方余额为 35 000 元，本年实现净利润 700 000 元，提取盈余公积 105 000 元，则年末未分配利润的账户余额为(　　)元。

A. 630 000　　B. 695 000　　C. 70 000　　D. 35 000

四、会计核算题

根据以下经济业务，编制相关会计分录。

1. 某企业于 2019 年 11 月 5 日采用支票结算方式销售 A 产品 1 000 件，单价为 100 元，增值税率为 13%，款项已收存银行。该批产品的单位成本为 80 元。

2. 某企业 2019 年 11 月 9 日采用赊销方式销售给育林公司 A 产品 2 000 件，单价为 100 元，增值税税率为 13%，付款条件为(不含税计算)(2/10，1/20，n/30)。该批产品的单位成本为 80 元。

3. 2019 年 11 月 16 日,某客户因产品质量问题退回上月销售的 A 产品 200 件,价款为 20 000 元,增值税额为 2 600 元,企业已将退货款以支票方式退给客户。该批产品单位成本为 80 元,已收存仓库。

4. 2019 年 11 月 20 日,某客户发现所购 A 产品 10 件外观存在问题,企业同意给予该客户 10%的销售折让 1 130 元(含税),增值税税率为 13%,销售折让款以转账支票方式退给客户。

5. 某企业 2019 年 11 月应交增值税 30 000 元,该企业城市维护建设税税率 7%,教育费附加征收率为 3%,请计算应交的城市维护建设税和教育费附加并编制会计分录。

6. 某企业 2019 年 11 月 12 日因客户违约取得罚款收入 10 000 元,存入银行;11 月 22 日开出支票支付环保排污罚款 5 000 元。

7. 某企业 2019 年 11 月 30 日以银行存款支付短期借款利息 2 500 元,其中已计提利息 2 000 元;收到银行存款利息 1 000 元。

8. 某企业 2019 年全年利润总额为 1 000 000 元,其中包括本年收到的国库券利息收入 100 000 元。企业所得税税率为 25%,无其他纳税调整事项。请对该企业应交所得税进行会计处理。

9. 甲公司 2019 年度利润表中利润总额为 1 200 万元,适用的所得税税率为 25%,预计未来期间适用的所得税税率不会发生变化,未来期间能够产生足够的应纳税所得额用以抵扣或抵扣暂时性差异。递延所得税资产及递延所得税负债不存在期初余额。

该公司 2019 年发生的有关交易和事项中，会计处理与税收处理存在差别的有：

(1) 2018 年 12 月 20 日取得的一项固定资产，成本为 600 万元，使用年限为 10 年，预计净残值为 0，会计处理按双倍余额递减法计提折旧，税收处理按直线法计提折旧。假定税法规定的使用年限及预计净残值与会计规定相同。

(2) 向关联企业捐赠现金 200 万元。

(3) 当年度发生研究开发支出 500 万元，较上年度增长 20%。其中，300 万元予以资本化，截至 2019 年 12 月 31 日，该研发资产仍在开发过程中。税法规定，企业费用化的研究开发支出按 150%税前扣除，资本化的研究开发支出按资本化金额的 150%确定应予摊销的金额。

(4) 应付违反环保法规定罚款 100 万元。

(5) 期末对持有的存货(账面价值为 800 万元)计提了 30 万元的存货跌价准备。

试计算并结转甲公司所得税费用。

五、会计实操题(要求完成未填好的原始凭证，填制记账凭证)

1. 广东家华木业有限公司 2019 年 9 月 12 日，本月 5 日销售给广州百川家具有限公司的办公桌，其中有 2 张验收不合格，百川公司要求退回不合格办公桌，经核查，公司同意退货，并办妥了退货手续，退回办公桌已入库。

销售退回审批单

2019 年 9 月 12 日　　单位：元

购买单位	广州百川家具有限公司		销售退回原因	其中 2 张办公桌不符合质量要求	
商品名称	销售时间	销售数量	价税金额	退回价款	增值税额
办公桌	2019.09.05	50 张	21 470.00	760.00	98.80
沙发	2019.09.05	50 套	36 160.00		
合计	—	—	￥57 630.00	￥760.00	￥98.80

会计主管：范永建　　销售主管：王裕峰　　制表：梁芳

图 14-1　销售退回审批单

开具红字增值税专用发票信息表

填开日期：2019 年 09 月 12 日

<table>
<tr><td rowspan="2">销售方</td><td>名　称</td><td>广东家华木业有限公司</td><td rowspan="2">购买方</td><td>名　称</td><td colspan="2">广州百川家具有限公司</td></tr>
<tr><td>纳税人识别号</td><td>440103256268024</td><td>纳税人识别号</td><td colspan="2">440102443268027</td></tr>
<tr><td rowspan="6">开具红字专用发票内容</td><td>货物（劳务服务）名称</td><td>数量</td><td>单价</td><td>金额</td><td>税率</td><td>税额</td></tr>
<tr><td>办公桌</td><td>2</td><td>380.00</td><td>760.00</td><td>13%</td><td>98.80</td></tr>
<tr><td></td><td></td><td></td><td></td><td></td><td></td></tr>
<tr><td></td><td></td><td></td><td></td><td></td><td></td></tr>
<tr><td></td><td></td><td></td><td></td><td></td><td></td></tr>
<tr><td>合计</td><td>—</td><td>—</td><td>¥760.00</td><td>—</td><td>¥98.80</td></tr>
<tr><td>说明</td><td colspan="6">一、购买方☐
对应蓝字专用发票抵扣增值税销项税额情况：
1.已抵扣☐
2.未抵扣☐
对应蓝字专用发票的代码：________ 号码：________
二、销售方☑
对应蓝字专用发票的代码：4601041141 号码：201307402</td></tr>
<tr><td>红字专用发票信息表编号</td><td colspan="6">241307605</td></tr>
</table>

图 14-2　开具红字增值税专用发票信息表

<table>
<tr><td colspan="9">广东增值税专用发票
4601041141　　此联不作报销、扣税凭证使用　　№ 241307605
开票日期：2019 年 09 月 12 日</td></tr>
<tr><td>购货单位</td><td colspan="4">名　　称：广州百川家具有限公司
纳税人识别号：440102443268027
地址 、 电话：增城市光明路 36 号 68682587
开户行及账号：建行光明支行 11676243355</td><td>密码区</td><td colspan="3">（略）</td></tr>
<tr><td>货物或应税劳务、服务名称</td><td>规格型号</td><td>单位</td><td>数　量</td><td>单　价</td><td>金　　额</td><td>税率</td><td>税　　额</td><td></td></tr>
<tr><td>办公桌</td><td></td><td>张</td><td>-2</td><td>380.00</td><td>-760.00</td><td>13%</td><td>-98.80</td><td></td></tr>
<tr><td>合　　计</td><td></td><td></td><td></td><td></td><td>¥-760.00</td><td></td><td>¥-98.80</td><td></td></tr>
<tr><td>价税合计（大写）</td><td colspan="8">⊗捌佰伍拾捌圆捌角整（负数）　　（小写）¥-858.80</td></tr>
<tr><td>销货单位</td><td colspan="4">名　　称：广东家华木业有限公司
纳税人识别号：440103256268024
地址 、 电话：番禺区东环路 120 号 56327581
开户行及账号：建行东环支行 11682674052</td><td>备注</td><td colspan="3"></td></tr>
</table>

收款人：　　复核：杨东梅　　开票人：王耀林　　销货单位：（章）

第一联：记账联 销售方记账凭证

图 14-3　增值税专用发票

退回产品入库单

2019 年 9 月 12 日　　第 01041 号

产品名称	规格	型号	单位	数量	单价	金额(元)
办公桌			张	2		

仓库主管:陈德明　　复核:杨东梅　　验收:李怡华　　制单:朱永材

图 14-4　退回产品入库单

记 账 凭 证

年　月　日　　　　　　字第　　号

摘　要	总账科目	明细科目	借方金额										贷方金额										账页或√
			千	百	十	万	千	百	十	元	角	分	千	百	十	万	千	百	十	元	角	分	
附属单证　　张		合计																					

会计主管　　　　记账　　　　审核　　　　制单

图 14-5　记账凭证

2. 广东家华木业有限公司 2019 年 9 月 18 日,本月 14 日销售给广东胜华家具有限公司的沙发,经验收存在瑕疵,胜华公司要求给予 10%的销售折让,经核查,公司同意胜华公司的要求,并办妥了相关手续。

销售折让审批单

2019 年 9 月 18 日　　　　单位:元

购买单位	广东胜华家具有限公司		销售折让原因	部分沙发存在瑕疵	
商品名称	销售时间	销售数量/套	价税金额	折让率	折让金额
沙发	2019.09.14	40	28 928.00	10%	2 892.80
合计	—	—	¥28 928.00	10%	¥2 892.80

会计主管:范永建　　　　销售主管:王裕峰　　　　制表:梁芳

图 14-6　销售折让审批单

开具红字增值税专用发票信息表

填开日期：2019 年 9 月 18 日

<table>
<tr><td rowspan="2">销售方</td><td>名　称</td><td>广东家华木业有限公司</td><td rowspan="2">购买方</td><td>名　称</td><td colspan="2">广东胜华家具有限公司</td></tr>
<tr><td>纳税人识别号</td><td>440103256268024</td><td>纳税人识别号</td><td colspan="2">440103564568023</td></tr>
<tr><td rowspan="6">开具红字专用发票内容</td><td>货物（劳务服务）名称</td><td>数量</td><td>单价</td><td>金额</td><td>税率</td><td>税额</td></tr>
<tr><td>沙发</td><td></td><td></td><td>2 560.00</td><td>13%</td><td>332.80</td></tr>
<tr><td></td><td></td><td></td><td></td><td></td><td></td></tr>
<tr><td></td><td></td><td></td><td></td><td></td><td></td></tr>
<tr><td></td><td></td><td></td><td></td><td></td><td></td></tr>
<tr><td>合计</td><td>—</td><td>—</td><td>¥2 560.00</td><td>—</td><td>¥332.80</td></tr>
<tr><td>说明</td><td colspan="6">一、购买方☐
对应蓝字专用发票抵扣增值税销项税额情况：
1. 已抵扣☐
2. 未抵扣☐
对应蓝字专用发票的代码：＿＿＿＿＿　号码：＿＿＿＿＿
二、销售方☑
对应蓝字专用发票的代码：4601041141　号码：201307406</td></tr>
<tr><td>红字专用发票信息表编号</td><td colspan="6">241307617</td></tr>
</table>

图 14-7　开具红字增值税专用发票信息表

广东增值税专用发票

4601041141　　　　　　　　　　　　　　　　№ 241307617

此联不作报销、扣税凭证使用

开票日期：2019 年 09 月 18 日

购货单位	名　称：广东胜华家具有限公司 纳税人识别号：440103564568023 地址、电话：花都区新华路 72 号 36637584 开户行及账号：工行新华支行 11634813054				密码区	（略）		
货物或应税劳务、服务名称	规格型号	单位	数　量	单　价	金　额	税率	税　额	
沙发		套			-2 560.00	13%	-332.80	
合　计					¥-2 560.00		¥-332.80	
价税合计（大写）	⊗贰仟捌佰玖拾贰圆捌角整（负数）				（小写）¥-2 892.80			
销货单位	名　称：广东家华木业有限公司 纳税人识别号：440103256268024 地址、电话：番禺区东环路 120 号 56327581 开户行及账号：建行东环支行 11682674052				备注			

第一联：记账联　销售方记账凭证

收款人：　　复核：杨东梅　　开票人：王耀林　　销货单位：（章）

图 14-8　增值税专用发票

记　账　凭　证

年　月　日　　　　字第　号

摘　要	总账科目	明细科目	借方金额										贷方金额										账页或√
			千	百	十	万	千	百	十	元	角	分	千	百	十	万	千	百	十	元	角	分	
附属单证　张		合计																					

会计主管　　记账　　审核　　制单

图 14-9　记账凭证

3. 广东家华木业有限公司 2019 年 10 月 9 日向广州百川家具有限公司销售不需用的木板 180 块，款项已收存银行。

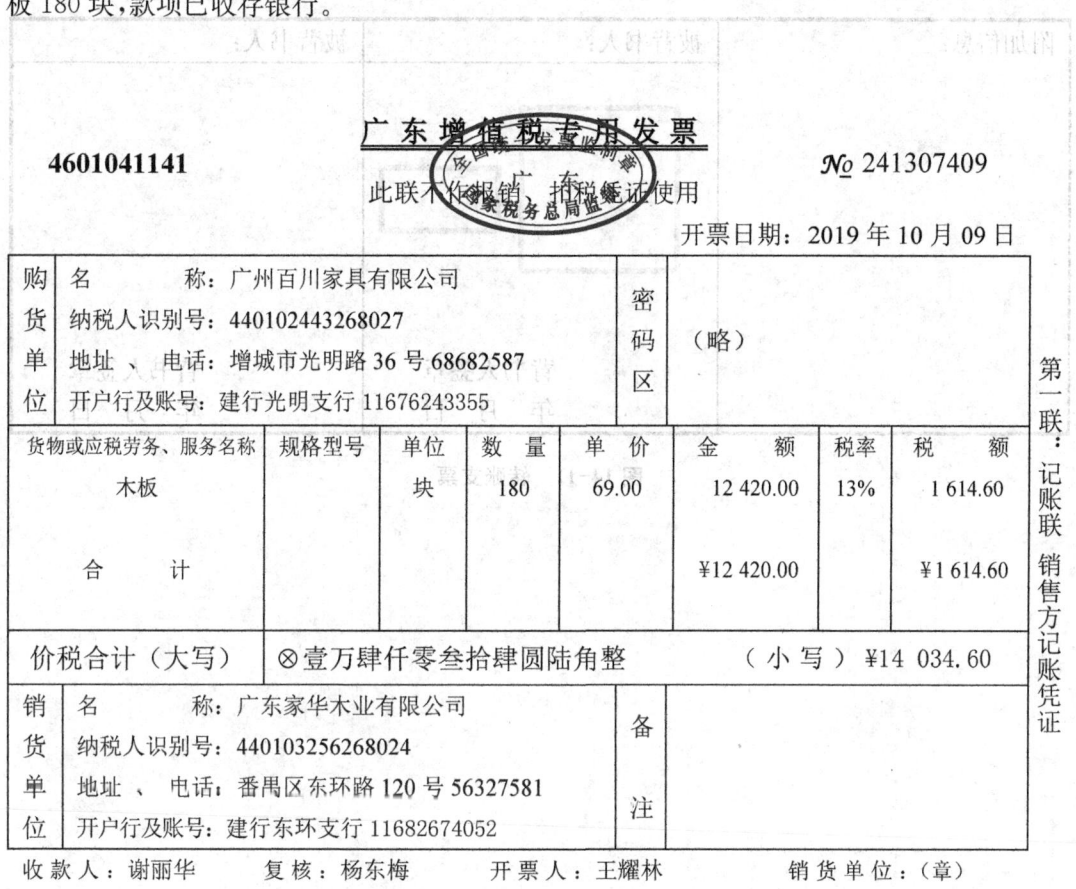

广东增值税专用发票

4601041141　　　　广　东　　　　№ 241307409

此联不作报销、扣税凭证使用

开票日期：2019 年 10 月 09 日

购货单位	名　　称：广州百川家具有限公司 纳税人识别号：440102443268027 地址 、 电话：增城市光明路 36 号 68682587 开户行及账号：建行光明支行 11676243355				密码区	（略）	
货物或应税劳务、服务名称	规格型号	单位	数　量	单　价	金　　额	税率	税　　额
木板		块	180	69.00	12 420.00	13%	1 614.60
合　　计					¥12 420.00		¥1 614.60
价税合计（大写）	⊗壹万肆仟零叁拾肆圆陆角整　　（小写）¥14 034.60						
销货单位	名　　称：广东家华木业有限公司 纳税人识别号：440103256268024 地址 、 电话：番禺区东环路 120 号 56327581 开户行及账号：建行东环支行 11682674052				备注		

第一联：记账联　销售方记账凭证

收款人：谢丽华　　复核：杨东梅　　开票人：王耀林　　销货单位：（章）

图 14-10　增值税专用发票记账联

中国建设银行支票（粤）　　GS 08224041

付款期限自出票之日起十天

出票日期（大写）贰零壹玖年零壹拾月零玖日　　付款行名称：建行光明支行

收款人：广东家华木业有限公司　　出票人账号：11676243355

人民币（大写）	千	百	十	万	千	百	十	元	角	分
壹万肆仟零叁拾肆元陆角整			¥	1	4	0	3	4	6	0

用途　支付货款

上列款项请从我账户内支付

出票人签章　　广州百川家具有限公司财务专用章　　陈顺华

密码

行号

复核　　记账

附加信息：	被背书人：	被背书人：
	背书人签章 年　月　日	背书人签章 年　月　日

图 14-11　转账支票

中国建设银行**进账单**（回　单）　　1

年　　月　　日

出票人	全　称		收款人	全　称	
	账　号			账　号	
	开户银行			开户银行	
金额	人民币（大写）			亿 千 百 十 万 千 百 十 元 角 分	
票据种类		票据张数		开户银行盖章	
票据号码					
复核		记账			

此联是开户银行交给持（出）票人的回单

图 14-12　银行进账单

记　账　凭　证

年　　月　　日　　　　　　　　字第　　号

摘　要	总账科目	明细科目	借方金额										贷方金额										账页或√
			千	百	十	万	千	百	十	元	角	分	千	百	十	万	千	百	十	元	角	分	
附属单证　　张		合计																					

会计主管　　　　　记账　　　　　审核　　　　　制单

图 14-13　记账凭证

4. 广东家华木业有限公司结转本月 9 日已销售木板的成本。

材料出库单

用途：销售　　　　2019 年 10 月 09 日　　　　No：021401

名称及规格	单位	请领数量	实发数量	单价	金额（元）
木板	块	180	180	60.00	10 800.00

仓库主管：陈德明　　　　经手人：李怡华　　　　保管员：朱永材

图 14-14　材料出库单

记　账　凭　证

年　　月　　日　　　　　　　　字第　　号

摘　要	总账科目	明细科目	借方金额										贷方金额										账页或√
			千	百	十	万	千	百	十	元	角	分	千	百	十	万	千	百	十	元	角	分	
附属单证　　张		合计																					

会计主管　　　　　记账　　　　　审核　　　　　制单

图 14-15　记账凭证

第 15 章　企业财务报表编制

一、填空题

1. 财务报表按照编报的时间，可分为__________、__________、__________和__________。

2. 财务报表按照反映的经济内容，可分为__________、__________和__________。

3. 企业编制财务报表时，必须做到__________、__________、__________、__________。

4. 资产负债表主要提供有关企业财务状况方面的信息，即某一特定日期关于企业__________、__________、__________及其相互关系。

5. 财务报表列报准则规定，我国企业的资产负债表应采用__________。账户式资产负债表分左、右两方，左方为__________，按资产的__________大小排列；右方为负债及所有者权益项目，其中负债项目按__________排列，所有者权益项目按其__________排列。

6. 利润表属于__________，它主要依据会计的__________原则和__________原则编制，即把一定时期的营业收入与同一会计期间的相关成本、费用进行配比，以计算确定企业一定时期实现的净利润或发生的净亏损，它反映了__________的会计平衡公式。

7. 财务报表列报准则规定，我国企业的利润表应采用__________。多步式利润表将不同性质的收入和费用类别进行对比，按利润形成的主要环节列示一些中间性利润指标，如__________、__________和__________，分步计算当期的净利润。

8. 现金流量表属于__________，它是按照__________原则编制的，它将企业权责发生制下的经济业务调整为__________下的现金流量信息。

9. 现金流量表是以__________和__________为编制基础。现金流量表将__________和__________视为一个整体进行列示，企业现金（含现金等价物）内部各项之间的增减变动，不产生现金流量。

10. 财务报表列报准则规定，我国企业的现金流量表应采用__________。报告式现金流量表由主表和补充资料两部分组成，主表主要列报__________、__________和

__________，最后汇总反映企业现金及现金等价物的净增加额。

二、判断题

1. 资产负债表中的应收票据及应收账款项目应根据“应收票据”“应收账款”所属明细账借方余额合计数、“预收账款”所属明细账借方余额合计数和“坏账准备”总账的贷方余额计算填列。（　）

2. “其他应收款”项目应根据“应收利息”“应收股利”和“其他应收款”账户的期末余额合计数减去“坏账准备”账户中相关坏账准备期末余额后的金额填列。（　）

3. “预付账款”账户所属各明细账户期末有贷方余额的，应在资产负债表“应收账款”项目内填列。（　）

4. “长期借款”项目，根据“长期借款”总账账户余额填列。（　）

5. 利润表是反映企业在一定会计期间经营成果的报表，它是一张动态报表。（　）

6. 净利润是以营业利润为基础，减去所得税费用而得到。（　）

7. 现金流量表反映企业在一定会计期间现金和现金等价物流入和流出的情况。（　）

8. 现金流量表是按权责发生制编制的会计报表。（　）

三、选择题

1. 反映企业在某一特定日期财务状况的财务报表是（　）。

A. 资产负债表　　B. 利润表　　C. 利润分配表　　D. 现金流量表

2. 反映企业在一定会计期间经营成果的财务报表是（　）。

A. 资产负债表　　B. 利润表　　C. 利润分配表　　D. 现金流量表

3. 目前我国企业利润表的格式是（　）。

A. 账户式　　B. 直接式　　C. 单步式　　D. 多步式

4. 目前我国企业资产负债表的格式是（　）。

A. 账户式　　B. 直接式　　C. 单步式　　D. 多步式

5. 资产负债表中资产项目的排列顺序是按（　）。

A. 项目的重要性　　B. 项目的时间性

C. 项目的流动性　　D. 项目的收益性

6. 某企业年末“应收票据”账户余额为 0，“应收账款”账户的借方余额为 600 万元，其中，“应收账款”明细账的借方余额为 800 万元，贷方余额为 200 万元，年末计提坏账准备后与应收账款有关的“坏账准备”账户的贷方余额为 50 万元。该企业年末资产负债表中“应收票据及应收账款”项目的金额为（　）万元。

A. 550　　B. 750　　C. 600　　D. 950

7. 某企业“应收票据”账户余额为 0，“应收账款”账户月末借方余额 40 000 元，其中：“应收甲公司账款”明细账户借方余额 35 000 元,“应收乙公司账款”明细账户借方余额 5 000 元;“预收账款”账户月末贷方余额 15 000 元,其中:“预收 A 工厂账款”明细账户贷方余额 25 000 元,“预收 B 公司账款”明细账户借方余额 10 000 元。该企业月末资产负债表中“应收票据及应收账款”项目的金额为(　)元。

A. 50 000　　B. 25 000　　C. 15 000　　D. 40 000

8. 某企业期末“工程物资”账户的余额为 100 万元,“发出商品”账户的余额为 80 万元,“原材料”账户的余额为 100 万元,“材料成本差异”账户的贷方余额为 10 万元,“存货跌价准备”账户贷方余额为 5 万元。假定不考虑其他因素,该企业资产负债表中“存货”项目的金额为(　)万元。

A. 170　　B. 165　　C. 265　　D. 275

9. 某企业年末“固定资产”账户余额为 2 000 万元,“累计折旧”账户余额为 800 万元,“固定资产减值准备”账户余额为 100 万元,“在建工程”账户余额为 200 万元。该企业年末资产负债表中“固定资产”项目的金额为(　)万元。

A. 1 200　　B. 90　　C. 1 100　　D. 2 200

10. 某企业“应付账款”账户月末贷方余额 50 000 元,其中:“应付甲公司账款”明细账户贷方余额 45 000 元,“应付乙公司账款”明细账户贷方余额 20 000 元,“应付丙公司账款”明细账户借方余额 15 000 元;“预付账款”账户月末贷方余额 20 000 元,其中:“预付 A 工厂账款”明细账户贷方余额 30 000 元,“预付 B 工厂账款”明细账户借方余额 10 000 元。该企业月末资产负债表中“预付款项”项目的金额为(　)元。

A. −45 000　　B. 25 000　　C. −20 000　　D. 20 000

11. 某企业 2016 年 4 月 1 日从银行借入期限为 3 年的长期借款 800 万元,编制 2018 年 12 月 31 日资产负债表时,此项借款应填入的报表项目是(　　)。

A. 短期借款　　B. 长期借款

C. 其他长期负债　　D. 一年内到期的非流动负债

12. 利润表编制的基本依据是(　　)。

A. 各账户的期末余额　　B. 各损益类账户的期末余额

C. 各损益类账户的本期发生额　　D. 各账户的本期发生额

13. 下列不影响营业利润的项目是(　　)。

A. 公允价值变动损益　　B. 投资收益

C. 资产减值损失　　D. 营业外收入

14. 现金流量表是以(　　)为编制基础。

A. 现金和现金等价物　　B. 现金流入

C. 现金流出　　D. 现金流量

15. 下列各项中,属于经营活动产生的现金流量的是(　　)。

A. 取得投资收益而收到的现金　　B. 投资支付的现金

C. 取得借款而收到的现金　　　　　　　D. 收到的税收返还

四、会计核算题

1. 广东家华木业有限公司 2019 年 12 月 31 日总分类账户期末余额表如表 15-1 所示，相关明细分类账户期末余额表如表 15-2 所示。

表 15-1　　总分类账户期末余额表

2019 年 12 月 31 日　　单位:元

账户名称	借方余额	账户名称	贷方余额
库存现金	5 000.00	短期借款	2 000.00
银行存款	1 561 800.00	应付账款	20 780.00
交易性金融资产	99 000.00	预收账款	100 000.00
应收票据	147 000.00	应付股利	200 000.00
应收账款	694 100.00	应付职工薪酬	14 000.00
预付账款	685 000.00	应交税费	221 960.00
其他应收款	10 000.00	其他应付款	5 600.00
在途物资	68 440.00	坏账准备	900.00
原材料	520 000.00	累计折旧	440 000.00
周转材料	30 000.00	累计摊销	100 000.00
生产成本	156 817.90	长期借款	100 000.00
库存商品	400 000.00	实收资本	4 000 000.00
发出商品	10 000.00	资本公积	845 000.00
持有至到期投资	150 000.00	盈余公积	1 311 298.50
固定资产	2 483 276.10	利润分配	100 000.00
在建工程	290 000.00	本年利润	628 895.50
工程物资	200 000.00		
无形资产	580 000.00		
合计	8 090 434.00		8 090 434.00

表 15-2 有关明细分类账户期末余额表

2019 年 12 月 31 日 单位:元

账户名称	借或贷	余额	账户名称	借或贷	余额
应收账款	借	694 100	应付账款	贷	20 780
——利得公司	贷	80 900	——华利公司	贷	30 000
——建信公司	借	775 000	——智源公司	借	9 220
预收账款	贷	100 000	预付账款	借	685 000
——金石公司	借	50 000	——滨江公司	借	900 000
——合诚公司	贷	150 000	——利诚公司	贷	215 000

根据表 15-1 和表 15-2 的资料,计算该公司 2019 年 12 月 31 日资产负债表(见表 15-3)中有关项目的期末余额。

表 15-3 资 产 负 债 表

编制单位:广东家华木业有限公司 2019 年 12 月 31 日 单位:元

资产	期末余额	年初余额	负债及所有者权益	期末余额	年初余额
流动资产:			流动负债:		
货币资金	(1)		短期借款	2 000.00	
以公允价值计量且其变动计入当期损益的金融资产	99 000.00		以公允价值计量且其变动计入当期损益的金融负债		
应收票据及应收账款	(2)		应付票据及应付账款	(9)	
预付款项	(3)		预收款项	(10)	
其他应收款	10 000.00		应付职工薪酬	14 000.00	
存货	(4)		应交税费	221 960.00	
一年内到期非流动资产			其他应付款	205 600.00	
其他流动资产			一年内到期非流动负债		
流动资产合计	(5)		其他流动负债		
非流动资产:			流动负债合计	(11)	
可供出售金融资产			非流动负债:		
持有至到期投资	150 000.00		长期借款	100 000.00	
长期应收款			应付债券		

（续表）

资产	期末余额	年初余额	负债及所有者权益	期末余额	年初余额
长期股权投资			长期应付款		
投资性房地产			专项应付款		
固定资产	(6)		预计负债		
在建工程	490 000.00		递延所得税负债		
生产性生物资产			其他非流动负债		
无形资产	480 000.00		非流动负债合计	100 000.00	
开发支出			负债合计	(12)	
商誉			所有者权益：		
长期待摊费用			实收资本(或股本)	4 000 000.00	
递延所得税资产			资本公积	845 000.00	
其他非流动资产			其他综合收益		
			盈余公积	1 311 298.50	
			未分配利润	(13)	
非流动资产合计	(7)		所有者权益合计	(14)	
资产总计	(8)		负债及所有者权益总计	(15)	

2. 广东盛丰科技有限公司2019年12月份有关损益类账户的发生额如表15-4所示。

表15-4　　各损益类账户发生额表(结转到本年利润前)

2019年12月　　单位:元

收入类账户	借方发生额	贷方发生额	费用类账户	借方发生额	贷方发生额
主营业务收入	236 200	4 847 860	主营业务成本	2 963 060	12 000
其他业务收入		928 600	其他业务成本	413 440	
投资收益	197 480	840 260	税金及附加	674 350	
资产处置损益		3 000	销售费用	623 660	
营业外收入		413 280	管理费用	441 960	
			其中:研发费用	0	
			财务费用	223 680	64 800
			营业外支出	644 960	
			所得税费用	171 300	
合　计	433 680	7 033 000	合　计	6 156 410	76 800

根据表15-4的资料,计算该公司2019年12月份利润表(见表15-5)中有关项目的本期金额。

表15-5　　　　利　润　表

编制单位:广东盛丰科技有限公司　　　2019年12月　　　单位:元

项　目	本期金额	上期金额
一、营业收入	(1)	
减:营业成本	(2)	
税金及附加	(3)	
销售费用	(4)	
管理费用	(5)	
研发费用		
财务费用	(6)	
其中:利息费用	223 680.00	
利息收入	64 800.00	
资产减值损失		
信用减值损失		
加:其他收益		
投资收益(损失以"—"号填列)	(7)	
公允价值变动收益(损失以"—"号填列)		
资产处置收益(损失以"—"号填列)	(8)	
二、营业利润(损失以"—"号填列)	(9)	
加:营业外收入	(10)	
减:营业外支出	(11)	
其中:非流动资产处置损失		
三、利润总额(亏损总额以"—"号填列)	(12)	
减:所得税费用	(13)	
四、净利润(净亏损以"—"号填列)	(14)	
(一)持续经营净收益(净亏损以"—"号填列)	(15)	
(二)终止经营净收益(净亏损以"—"号填列)		
五、其他综合收益的税后净额		
六、综合收益总额		
七、每股收益		
(一)基本每股收益		
(二)稀释每股收益		

3. 广东天华实业有限公司 2019 年 8 月 31 日有关总账账户的余额如表 15-6 所示。

表 15-6　有关总账账户余额表　单位：元

资产账户	借或贷	余额	负债及所有者权益账户	借或贷	余额
库存现金	借	1 500	短期借款	贷	250 000
银行存款	借	800 000	应付票据	贷	25 500
其他货币资金	借	90 000	应付账款	贷	71 000
交易性金融资产	借	115 000	——丙企业	贷	91 000
应收票据	借	20 000	——丁企业	借	20 000
应收账款	借	75 000	预收账款	贷	14 700
——甲公司	借	80 000	——C 公司	贷	14 700
——乙公司	贷	5 000	其他应付款	贷	12 000
坏账准备	贷	2 000	应交税费	贷	28 000
预付账款	借	36 100	长期借款	贷	506 000
——A 公司	借	31 000	应付债券	贷	563 700
——B 公司	借	5 100	其中一年内到期的应付债券	贷	23 000
其他应收款	借	8 500	实收资本	贷	4 040 000
原材料	借	774 400	盈余公积	贷	158 100
生产成本	借	265 400	利润分配	贷	1 900
库存商品	借	193 200	——未分配利润	贷	1 900
固定资产	借	2 888 000	本年利润	贷	36 700
累计折旧	贷	4 900			
在建工程	借	447 400			
资产合计		5 707 600	负债及所有者权益合计		5 707 600

根据表 15-6 的资料，计算该公司 2019 年 8 月 31 日资产负债表（见表 15-7）中的有关项目的期末数。

表 15-7　资产负债表（简表）

2019 年 8 月 31 日

制表单位：广东天华实业有限公司　单位：元

资产	期初数	期末数	负债及所有者权益	期初数	期末数
流动资产：			流动负债：		
货币资金		(1)	短期借款		250 000
以公允价值计量且变动计入当期损益的金融资产		115 000	应付票据及应付账款		(9)

(续表)

资产	期初数	期末数	负债及所有者权益	期初数	期末数
应收票据及应收账款		(2)	预收款项		(10)
预付款项		(3)	应交税费		28 000
其他应收款		8 500	其他应付款		12 000
存货		(4)	一年内到期的非流动负债		23 000
流动资产合计		(5)	流动负债合计		(11)
非流动资产:			非流动负债		
固定资产		(6)	长期借款		506 000
在建工程		447 400	应付债券		(12)
非流动资产合计		(7)	非流动负债合计		1 046 700
			负债合计		(13)
			所有者权益		
			实收资本		4 040 000
			盈余公积		158 100
			未分配利润		(14)
			所有者权益合计		(15)
资产合计		(8)	负债及所有者权益合计		5 732 600

4. 已知资料:

(1) 期末资产总额比期初少 10 000 元。

(2) 期末流动资产是流动负债的 6 倍,且比期初多 20 000 元。

(3) 期末负债总额是期初流动负债的 2 倍。

请计算下列资产负债表(见表 15-8)有关项目的金额。

表 15-8 资产负债表(简表) 单位:元

资产项目	期初余额	期末余额	负债及所有者权益项目	期初余额	期末余额
货币资金	(1)	880 000	短期借款	100 000	(9)
应收票据及应收账款	480 000	(2)	其他应付款	(10)	250 000
存货	700 000	680 000	应交税费	310 000	1 000
流动资产合计	(3)	(4)	流动负债合计	610 000	300 000
固定资产	1 300 000	(5)	长期借款	620 000	(11)
无形资产	(6)	60 000	负债合计	(12)	(13)
			所有者权益合计	2 000 000	2 000 000
资产合计	(7)	(8)	负债及所有者权益合计	(14)	(15)

5. 广东怡华科技有限公司所得税税率是 25%，该公司 2019 年 1～11 月各损益类账户的累计发生额和 12 月份各损益类账户的发生额如表 15-9 所示。

表 15-9　　**各损益类账户发生额表**　　单位：元

账户名称	12 月份发生额		1 月至 11 月累计发生额	
	借方	贷方	借方	贷方
主营业务收入		318 000		5 000 000
主营业务成本	252 500		2 800 000	
销售费用	2 600		10 000	
税金及附加	1 000		29 000	
其他业务成本	7 500		32 500	
营业外支出	2 000		11 000	
财务费用	3 000		30 000	
管理费用	4 400		50 000	
其中：研发费用	0		0	
其他业务收入		9 500		45 000
营业外收入		3 000		
投资收益		15 000		
资产处置损益		5 000		

请计算怡华公司 2019 年度利润表(见表 15-10)的有关项目的金额。

表 15-10　　**利润表(简表)**

序号	项目	金额(元)	序号	项目	金额(元)
(1)	营业收入		(4)	利润总额	
(2)	营业成本		(5)	所得税费用	
(3)	营业利润		(6)	净利润	

参 考 文 献

[1] 罗绍明. 财务会计习题集[M]. 北京:科学出版社,2016.
[2] 罗绍明. 企业财务会计单项实训[M]. 2 版. 北京:机械工业出版社,2017.
[3] 程运木. 企业财务会计实训与练习[M]. 7 版. 北京:中国财经经济出版社,2013.
[4] 东奥会计在线. 2015 年会计专业技术资格考试机考题库一本通:初级会计实务[M]. 北京:经济科学出版社,2015.